KB202675

생수의 강이 흐르는 52주 가정예배서

삶으로 풀어내는 믿음

생수의 강이 흐르는 52주 가정예배서

삶으로 풀어내는 믿음
(야고보서 묵상)

2019년 12월 2일 초판 1쇄 인쇄
2019년 12월 9일 초판 1쇄 발행

지은이 | 유요한
펴낸이 | 김영호
펴낸곳 | 도서출판 동연
등 록 | 제1-1383호(1992년 6월 12일)
주 소 | 서울시 마포구 월드컵로 163-3
전 화 | (02) 335-2630
팩 스 | (02) 335-2640
이메일 | yh4321@gmail.com

ISBN 978-89-6447-540-9 03230

생수의 강이 흐르는 52주 가정예배서
가정예배가 회복되면 가정이 회복됩니다.

삶으로 풀어내는 믿음

유요한 저

동연

삶으로 풀어내는 믿음

가정예배가 답이다

신앙 교육의 일차적인 책임은 부모에게 있습니다. 부모는 예배 생활, 말씀 생활, 기도 생활이 자녀들의 거룩한 습관으로 자리 잡도록 도와주어야 합니다. 그런데 어디서부터 어떻게 시작해야 할지 모르는 분들이 생각보다 많습니다. 답이 있습니다. '가정예배'가 바로 그 답입니다. 가정을 하나님께 예배하는 자리로 만드는 것입니다. 물론 매일 가정예배를 드리는 것은 쉽지 않습니다. 그렇지만 한 주에 한 번이라면 얼마든지 가능합니다.

문제는 '말씀 묵상'입니다. 예배에는 반드시 말씀 묵상이 있어야 하는데, 신학적으로 훈련되지 않는 가장家長에게는 너무나 버거운 일이 아닐 수 없습니다. 그래서 가정예배를 시도할 엄두조차 내지 못하는 것이 사실입니다. 시중에 나와 있는 '가정예배서'를 사용할 수도 있지만, 대부분은 365일 가정예배를 위한 교재입니다. 그것도 매일 서로 다른 주제를 단편적으로 다루고 있습니다.

무엇보다 가장 아쉬운 점은 '가정'이라는 상황을 고려한 말씀 묵상을 찾아보기 힘들다는 점입니다. 가족 구성원들에게 가정예배의 유익함을 맛볼 수 있게 해주려면 말씀 묵상을 통해서 개인적인 문제와 함께 가정적인 문제들이 다루어져야 합니다. 그리고 그 문제들을 서로 솔직하게 나누고 기도할 수 있어야 합니다. 그럴 때 '믿음의 가정'으로 세워질 수 있는 것입니다.

그래서 출판된 것이 『52주 가정예배서 — 빌립보서 묵상』(서울: 연필의 힘, 2019)이었습니다. '주 안에서 기뻐하는 삶'이라는 주제로 52주 동안 계속 '빌립보서'를 묵상할 수 있게 만들었습니다. 실제로 지난 한 해 동안 제가 섬기는 교회에서 이 교제로 가정예배 드리기 운동을 펼쳐보았는데, 많은 가정에서 부부관계가 회복되고 자녀들과의 대화가 회복되는 모습을 볼 수 있었습니다.

이에 용기를 얻어 또 다른 '52주 가정예배서'를 출판하기로 했습니다. 이번에는 '삶으로 풀어내는 믿음'이라는 주제로 '야고보서'를 묵상해보려고 합니다.

신앙과 생활의 균형

그런데 왜 하필 야고보서일까요. 왜냐하면 야고보서의 주요 관심은 신앙과 생활, 믿음과 행함의 '균형'이기 때문입니다. 모든 일에는 기초가 중요합니다. 신앙생활도 마찬가지입니다. 바른 신앙생활은 '신앙'과 '생활'의 '균형'에서 출발합니다. 가정에서부터 그 기초를 가르쳐야 합니다. 믿는 대로 살아가는 법을 배우게 해야 합니다. 삶으로 풀어내는 믿음이 어떤 것인지 가정에서 하나씩 경험하게 해주어야 합니다.

사실 바울의 신학은 '행함'보다는 '믿음'에 더 큰 비중을 두었습니다. 그것은 어쩌면 이방인 선교를 위한 불가피한 선택이었는지도 모릅니다. 그러나 균형이 깨지면 언제나 문제가 생기게 되어 있습니다. 바울의 이른바 '이신칭의以信稱義' 신학은 본의 아니게 신앙생활에서 '신앙'만 강조하게 되었고, 그 결과 '생활'과 '행함'의 차원을 약화시키고 말았습니다.

예수님의 친동생이며 예루살렘교회의 지도자였던 야고보는 이것에 대해 위기의식을 느꼈습니다. 그래서 기록한 것이 바로 야고보서입니다. 물론 초대교회로부터 지금까지 바울 신학의 빛에 가려서 이와 같은 야고보서의 가치가 제대로 평가받지 못해왔습니다. 심지어 종교개혁자 마틴 루터에 의해서는 '지푸라기 서신'으로 취급되기도 했습니다. 야고보서가 행위를 강조했다는 이유에서입니다.

그러나 그것은 명백한 오해입니다. 야고보서는 '행위'만을 강조하지 않습니다. 오히려 믿음과 행함의 '균형'을 강조하고 있습니다. 바울이 믿음을 행함보다 우위에 놓고 있다면 야고보는 믿음과 행함을 평등하게 놓고 있는 것입니다. 제가 야고보서에 관심을 갖는 이유는 바로 여기에 있습니다. 지금까지 한국교회가 '신앙생활'을 강조해왔기에, 이제는 '생활신앙'을 강조함으로써 균형을 맞추는 일이 필요하다는 확신 때문입니다.

바른 신앙이란 균형이 잡힌 신앙을 말합니다. '머리와 가슴', '은혜와 진리', '기도와 말씀' 그리고 '믿음과 행함'의 균형이 잡혀야 바른 신앙이 될 수 있습니다. 생각해 보십시오. 가슴은 활활 타오르는데 머리는 텅 비어 있다면, 은혜를 받기는 원하면서 진리를 구하지는 않는다면, 기도는 뜨겁게 할 줄 아는데 말씀이 없다면, 믿음은 있다 하면서도 사람들에게 손가락질 받는 행동을 하고 있다면, 그런 신앙을 어떻게 바른 신앙이라 할 수 있겠습니까?

말씀 앞에 서기

올 한 해 동안 가정예배를 드릴 때마다 우리는 야고보서 말씀을 계속 묵상할 것입니다. 이를 통해서 신앙과 생활의 균형이 잡힌 바른 신앙의 모습을 함께 배우고 연마하려고 합니다. 이 묵상은 가족 구성원 모두에게 큰 도전으로 다가올 것입니다. 먼저 부모에게 믿는 대로 살아갈 것을 요구할 것입니다. 삶으로 풀어내는 믿음의 모습을 자녀들에게 보여줄 것을 요청할 것입니다.

그렇다고 지레 겁먹지는 마십시오. 부족하면 부족한 대로 솔직하게 말씀 앞에 서십시오. 가족들 앞에서 자신의 연약함을 드러내는 것을 주저하거나 부끄럽게 생각하지 마십시오. 자녀들은 부모의 솔직한 모습을 통해서 오히려 더 많은 것을 배우기 때문입니다. 야고보의 권면처럼 "서로 죄를 고백하고, 서로를 위해서 기도하십시오"(약 5:16, 메시지). 그렇게 가정예배를 드리는 동안 가정마다 균형 잡힌 신앙생활의 뿌리가 든든히 내리게 될 것입니다.

『삶으로 풀어내는 믿음 — 생수의 강이 흐르는 52주 가정예배서』이 성도님들의 가정을 '믿음의 가정'으로 세우고, '생수의 강이 흐르는 가정'으로 만들어가는 데 도움이 되기를 간절히 소망합니다. 이 일을 시작하게 하신 분이 하나님이시니 또한 하나님이 이루실 것을 확신합니다.

(P.S. 이 가정예배서는 2020년도의 월력에 따라 편집되었습니다.)

2019년 12월
생수의 강이 흐르는 가정을 꿈꾸며
그리스도의 종 한강중앙교회 담임목사
유 요 한

52주 가정예배서 활용법

- 가족들과 함께 일주일에 한 번 모이는 가정예배 시간을 정하고, 특별한 일이 없는 한 반드시 그 시간을 지킬 것을 약속하십시오.
- 가정예배서는 가족들의 숫자만큼 준비하는 것이 좋습니다. 그래야 모두 예배에 집중할 수 있습니다.
- 가정예배의 시간은 최소 30분에서 길게는 한 시간 정도가 필요합니다. '은혜 나누기'에 따라서 더 길어지거나 짧아질 수 있습니다.
- 가장家長이 예배 인도를 독점하는 것보다 부부가 번갈아 가면서 하는 것이 좋습니다. 또한 장성한 자녀가 있다면 맡겨도 좋습니다.
- 예배 인도자는 아래의 순서를 충분히 익혀두십시오.

1. 주님의 기도

52주 가정예배서는 반드시 '주님의 기도'로부터 시작합니다.

주님은 "너희는 먼저 그의 나라와 그의 의를 구하라"(마 6:33)고 가르쳐주셨습니다. '내 나라'가 아니라 '하나님의 나라'를, '내 소원'보다는 '하나님의 소원'을 먼저 구하라는 가르침입니다. 그리고 그 본보기로 '주님의 기도'를 가르쳐주셨습니다.

따라서 우리는 '주님의 기도'를 예배를 마치는 기도가 아니라 예배를 여는 기도가 되게 해야 합니다. 그럴 때 가정예배가 하나님의 나라와 그의 의를 구하는 예배가 될 수 있을 것입니다.

2. 찬송 부르기

말씀 묵상의 내용과 연관된 찬송을 선곡했습니다. 자녀들은 CCM에 더 익숙하겠지만, 주어진 찬송을 같이 부르도록 하는 것이 믿음의 대를 이어가는데 반드시 필요한 과정입니다.

3. 성경 읽기

개역개정판과 함께 메시지성경(유진 피터슨) 혹은 표준새번역 성경을 수록했습니다. 개역개정판은 부모님 중의 한 분이, 나머지는 자녀가 읽게 하는 것도 좋습니다.

4. 말씀 나누기

야고보서 전체의 말씀을 52주 동안 차례대로 묵상해 나갑니다. 인도자는 가정예배를 드리기 전에 미리 묵상 자료를 읽어보는 것이 좋습니다. 설명을 붙이지 않더라도 차근차근 읽어나가는 것으로 충분히 이해될 수 있을 것입니다.

5. 은혜 나누기

말씀 묵상의 내용을 기초로 하여 가족들끼리 함께 나눌 질문거리를 적어놓았습니다. 어떤 이야기가 나오더라도 끝까지 들어줄 수 있어야 합니다. 자녀들의 이야기에 부모가 섣불리 교훈하려고 덤벼들지 마십시오. 인도자는 모든 가족에게 골고루 기회가 돌아가도록 배려해야 합니다.

6. 공동 기도

'은혜 나누기'를 충분히 한 후에 적혀 있는 공동 기도를 한 목소리로 읽어나갑니다. 곧바로 "예수님의 이름으로 기도합니다"를 덧붙여서 예배를 마칠 수도 있고, 필요에 따라서 인도자가 더 길게 마침 기도를 이어갈 수도 있습니다.

■ 간식거리를 먹으면서 가정예배를 드리지 않도록 하십시오. 오히려 예배를 마친 후에 먹을 것을 나누면서 자연스럽게 이야기를 이어가는 것이 더 좋습니다.
■ 다음 가정예배 시간을 확인하고 예배를 마칩니다.

차 례

시험을 이기는 삶

(1~3월)

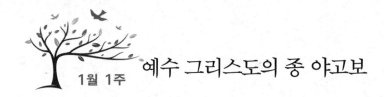

예수 그리스도의 종 야고보

1월 1주

□ 주님의 기도 주님이 가르쳐주신 기도로 가정예배를 시작합니다.

□ 찬송 부르기 449장(예수 따라가며)

□ 성경 읽기 야고보서 1:1

※ 개역개정판

¹하나님과 주 예수 그리스도의 종 야고보는 흩어져 있는 열두 지파에게 문안하노라.

※ 메시지성경

¹하나님과 주 예수의 종인 나 야고보는, 다가올 그 나라를 바라보며 이 땅에서 뿔뿔이 흩어져 살아가는 열두 지파에게 편지합니다. 평안하신지요!

□ 말씀 나누기

올 한 해 동안 우리는 매주 가정예배 시간마다 야고보서를 묵상하게 될 것입니다. 오늘은 우선 야고보서에 대한 서론적인 이야기부터 시작하겠습니다.

야고보가 쓴 편지

오늘 본문에서 우리는 야고보서의 발신자와 수신자에 대한 몇 가지 정보를 얻을 수 있습니다. 발신자는 '야고보'이고, 수신자는 '흩어져 있는 열두 지파'입니다. '열두 지파'는 전통적인 이스라엘의 '12지파'를 가리키는 것처럼 보입니다. 그런데 '흩어져 있다'고 하니까 누구를 의미하는지 분명하지 않습니다. 이 부분을 새번역으로 읽어봅니다.

"하나님과 주 예수 그리스도의 종인 야고보가 세계에 흩어져 사는 열두 지파에게 문안을 드립니다"(약 1:1, 새번역).

그렇습니다. 야고보서의 수신자들은 '세계에 흩어져 사는 열두 지파'입니다. 여기에서 '열두 지파'는 전통적인 의미의 유대인들을 가리키는 것이 아닙니다. 오히려 로마제국의 박해로 인해 여기저기에 흩어져 살게 된 영적인 유대인들, 즉 그리스도인들을 가리키는 말입니다.

야고보서의 저자는 '야고보'입니다. '야고보'는 유다 사회에서 아주 흔한 이름 중 하나였습니다. 신약성경에는 모두 네 사람의 야고보가 등장합니다. 그중에 어느 야고보일까요? 야고보서를 쓴 사람은 바로 예수님의 친동생 야고보입니다(마 13:55). 그는 본래 예수님을 믿지 않았지만, 부활하신 주님을 만나 뵌 후에(고전 15:7) 변화되어 초대교회의 영향력 있는 지도자가 되었습니다.

이 야고보는 '낙타무릎'이라는 별명을 얻을 만큼 기도하는 일에 힘썼던 목회자였습니다. 그가 예루살렘교회에서 목회하던 중에 교회 역사상 최초로 '예루살렘 회의'(행 15장)가 소집되었는데, 이때 이방 선교 문제로 인한 내부적인 갈등을 해소하는 일에 결정적인 역할을 했습니다. 이 야고보가 바로 야고보서의 저자였던 것입니다.

야고보의 자기소개

오늘 본문에서 우리의 눈길을 끄는 것은, 야고보가 자신을 '하나님과 주 예수 그리스도의 종 야고보'라고 소개하고 있는 부분입니다. 바울도 '예수 그리스도의 종'(롬 1:1, 빌 1:1)이라는 표현을 사용했습니다. 그러나 같은 표현이라고 하더라도 야고보가 자신을 '예수 그리스도의 종'이라고 말하는 것은 차원이 다릅니다. 왜냐하면 야고보는 예수님의 친동생이었기 때문입니다.

바울이나 베드로는 예수님과 완전히 남남이었습니다. 누군가에게 큰 은혜를 입으면 그 사람에게 "이제부터 당신을 주님으로 섬기겠습니다!"라고 말할 수 있습니다. 남남이라면 그렇게 말하는 것이 그다지 어렵지 않을 겁니다. 그러나 야고보가 어렸을 적부터 함께 생활했던 친형 예수님을 향해서 "당신은 나의 주님입니다!"라고 고백하는 것은 결코 쉽지 않은 일이었을 겁니다.

이와 같은 야고보의 자기소개는 우리에게 한 가지 중요한 질문을 던집니다. 그것은 "우리는 가족들로부터 얼마나 인정을 받고 있느냐?"는 질문입니다. 부모에게 가장 어려운 일은 자녀로부터 존경받는 것입니다. 자녀들도 마찬가지입니다. 부모나 형제로부터 인정받는 일이 가장 어렵습니다. 가정에서 생활하는 모습을 알지 못하는 직장 동료들에게나 학교 친구들에게는 얼마든지 좋은 평가를 받을 수 있습니다. 그러나 가족들끼리는 다릅니다. 실제로 어떻게 살아가는지 너무나 잘 알고 있기 때문입니다.

그런 의미에서 야고보가 "나는 예수 그리스도의 종이다!"라고 고백하는 것은 아주 중요한 의미를 가지고 있습니다. 그것은 예수님의 삶이 가짜가 아니라는 뜻입니다. 물론 야고보는 한때 형을 이해하지 못했습니다. 예수님의 사역을 방해하기도 했습니다. 그러나 예수님은 말씀하신 대로 사셨고, 말씀하신 대로 십자가를 지셨고, 또한 말씀하신 대로 부활하셨습니다. 그 일들을 통해서 어렸을 때부터 그 누구보다 가까이에서 지켜보았던 야고보조차도 예수님을 주님으로 영접할 수 있었던 것입니다. 야고보가 믿을 수 있다면 이 세상의 그 누구라도 예수님을 믿을 수 있는 것입니다.

우리들도 마찬가지입니다. 자녀들에게 신앙적으로 좋은 영향을 끼치려면, 부모가 먼저 믿는 대로 살아가는 모습을 보여주어야 합니다. 자녀들이 부모나 가족들로부터 신뢰를 얻으려면 말과 행함이 일치하는 모습을 보여주어야 합니다. 그런데 그와 같은 신용은 하루아침에 쌓이는 것이 아닙니다. 오랜 시간이 필요합니다. 오늘부터 그 일이 우리 가정에서 시작되면 좋겠습니다. '신앙'이 '생활'이 되고, '말'이 '행동'이 되도록 우리 함께 약속합시다.

그래서 야고보서를 묵상하려고 하는 것입니다. 야고보서는 '생활 신앙을 위한 지혜서신'입니다. 우리에게 균형 잡힌 바른 신앙을 가르쳐줄 참 좋은 교과서입니다. 야고보서 묵상을 통해서 자녀에게 존경받는 부모로, 부모와 형제에게 신뢰를 받는 자녀로 세워지기를 간절히 소망합니다.

□ 은혜 나누기
가족들에게 나의 신용도는 어느 정도라고 생각하는지 함께 나누어봅시다.

□ 공동 기도
하나님 아버지, 말이 아니라 삶이 더욱 중요하다는 사실을 깨닫게 해주시니 감사합니다. 올 한 해 동안 우리 가족들 모두가 믿음과 행함이 균형 잡힌 모습으로 바르게 성장해갈 수 있도록 인도해주세요.

인내를 이루십시오

1월 2주

□ 주님의 기도 주님이 가르쳐주신 기도로 가정예배를 시작합니다.

□ 찬송 부르기 336장(환난과 핍박 중에도)

□ 성경 읽기 야고보서 1:2~4

※ 개역개정판

²내 형제들아 너희가 여러 가지 시험을 당하거든 온전히 기쁘게 여기라. ³이는 너희 믿음의 시련이 인내를 만들어 내는 줄 너희가 앎이라. ⁴인내를 온전히 이루라. 이는 너희로 온전하고 구비하여 조금도 부족함이 없게 하려 함이라.

※ 메시지성경

²⁻⁴친구 여러분, 시험과 도전이 사방에서 여러분에게 닥쳐올 때, 그것을 더할 나위 없는 선물로 여기십시오. 여러분도 알다시피, 시련을 겪을수록 여러분의 믿음생활은 환히 그 실체가 드러날 것입니다. 그러니 성급하게 시련에서 벗어나려고 하지 마십시오. 시련을 충분히 참고 견디십시오. 그러면 여러분은 성숙하고 잘 다듬어진 사람, 어느 모로 보나 부족함이 없는 사람이 될 것입니다.

□ 말씀 나누기

신앙생활에 관하여 야고보가 가장 먼저 다루고 있는 주제는 '시험' 입니다. 왜냐하면 야고보서의 독자들은 예루살렘교회에 일어난 박해로 인해서 사방으로 흩어진 믿음의 형제들이기 때문입니다. 지금 그들은 여러 가지 시험을 당하는 가운데에서 힘겹게 신앙생활을 하고 있습니다. 그들을 격려하고 위로하며 용기를 북돋아 주기 위해서 예루살렘교회의 목회자였던 야고보가 이 편지를 쓰고 있는 것입니다.

끝까지 인내하는 믿음

야고보는 말합니다. "시험을 당할 수는 있지만, 시험에 들지는 마라. 오히려 그 시험을 하나님의 선물로 여겨 기뻐하라. 왜냐하면 믿음의 시련이 인내를 만들어내기 때문이다. 시련을 겪을수록 신앙생활의 본색이 드러나게 되어있다. 너희들이 그것을 알지 않느냐?" 여기에서 "너희도 알지 않느냐?"라는 표현에 주목하십시오. 시련을 겪어 본 사람만이 인내하는 믿음을 알 수 있습니다.

예루살렘교회에 박해가 일어났을 때 믿음의 형제들은 사방으로 흩어졌지만 야고보는 끝까지 남아서 교회를 섬겼습니다. 고스란히 그모든 시련을 다 겪었습니다. 그리고 실제로 야고보는 주후 62년에 순교하게 됩니다. 그는 여러 가지 시험 속에서 인내하며 믿음을 지켜나간다는 것이 무슨 뜻인지 잘 알고 있는 사람입니다. 그렇기에 흩어져있는 성도들에게 "너희도 알지 않느냐?"라고 말할 수 있는 것입니다.

야고보는 그들에게 "인내를 온전히 이루라"고 권면합니다. 이 말씀은 "끝까지 인내하라"는 뜻입니다. 공동번역은 "인내력을 한껏 발휘하십시오"라고 하고, 메시지성경은 "그러니 성급하게 시련에서 벗어나려고 하지 마십시오. 시련을 충분히 참고 견디십시오"라고 합니다. 그렇습니다. 인내할 수 있는 만큼이 내 믿음의 분량이며 또한 실력입니다.

물놀이하면서 물속에서 누가 오래 버티는지 시합을 합니다. 숨이 짧은 친구들이 하나둘씩 참지 못하고 물에서 나오면 마지막까지 버틴친구가 이기지요. 신앙생활도 마찬가지입니다. 끝까지 인내하는 자가 최후의 승자입니다. 물론 신앙생활에서는 최후의 승자가 반드시 한 사람일 필요는 없습니다. 하나님이 부르시는 그 순간까지 인내를 온전히 이룬 사람들은 누구나 승자입니다.

믿음의 소망

그런데 우리가 이렇게 인내를 온전히 이루어야 할 이유가 있습니다. 야고보는 그 이유를 "이는 너희로 온전하고 구비하여 조금도 부족함이 없게 하려 함이라"고 말합니다. 우리가 끝까지 인내하면 세 가지 믿음의 소망을 이루게 됩니다.

그 첫 번째는 우리가 '온전하게' 됩니다. NIV 성경은 이를 '성숙하다mature'로 표현합니다. 오랫동안 신앙생활을 해왔으면서도 아직 성숙하지 못한 사람들은 조그마한 시험을 당해도 아예 시험에 푹 빠져버립니다. 왜 그럴까요? 아직도 온전하게 되지 못해서 그렇습니다. 그렇다면 어떻게 온전해질 수 있을까요? 시련을 끝까지 참고 견디면 됩니다. 시련을 통해서 우리의 신앙이 성숙하게 익어가는 것입니다.

두 번째, 끝까지 인내하면 '구비하게' 됩니다. '구비具備'라는 말은 '갖추게 된다'는 뜻입니다. 이는 본래 군사 용어입니다. 군인이 작전을 수행할 때 필요한 장비를 완벽하게 갖춘 상태를 말합니다. NIV 성경은 '필요한 모든 것이 갖춰진complete'으로 해석합니다. 메시지성경은 '잘 다듬어진well developed'으로 풀이합니다.

우리가 신앙생활을 하면서 받는 여러 가지 훈련이 있습니다. 그리스도의 군사가 되려면 시련과 환난이라는 훈련을 받아야 합니다. 강한 군인이 되려면 강한 훈련을 받아야 합니다. 우리가 아무리 신앙생활을 열심히 한다고 하더라도 이와 같은 시험을 통과하지 않고는 결코 그리스도의 군사가 될 수 없습니다. 갖추어지지 못한 사람을 하나님이 사용하실 수 없습니다. 그래서 하나님은 시련을 통해서 우리를 훈

런시키시는 것입니다.

세 번째, 우리가 끝까지 인내하면 '조금도 부족함이 없게' 됩니다. 메시지성경은 "어느 모로 보나 부족함이 없는 사람이 될 것입니다"라고 합니다. 이 말은 전천후 신앙생활을 하는 그리스도인이 될 것이라는 말씀입니다. 어떤 상황에 두어도, 어떤 일을 맡겨도 멋지게 잘 감당하는 그런 그리스도인을 하나님은 귀하게 사용하십니다.

편할 때 예수 잘 믿다가도 시험 중에 낙심하여 믿음의 길에서 멀어진다면 그 믿음은 가짜입니다. 어려울 때 기도 생활을 열심히 해도 어려움이 해결되고 난 후에 기도하지 않는다면 그 믿음은 가짜입니다. 아직도 전천후 신앙생활의 단계까지 다다르지 못한 것입니다. 인내를 온전히 이루지 못한 것입니다. 우리가 당하고 있는 시련이 무엇이든지 그것을 끝까지 참고 견딤으로써 마지막 때 '이기는 자'로 세워지기를 간절히 소망합니다.

▢ 은혜 나누기
최근에 내가 참아내야 했던 어려운 일이 있었다면 함께 나누어봅시다.
▢ 공동 기도
하나님 아버지, 예수님을 믿는다는 이유로 당하는 어려움이 참 많이 있습니다. 비록 힘들지만 끝까지 인내하며 잘 이겨낼 수 있도록 우리를 붙들어주세요. 그리하여 마지막 때 '이기는 자'로 주님을 다시 맞이할 수 있게 해주세요.

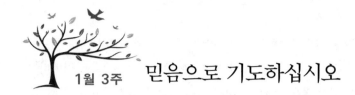

믿음으로 기도하십시오

1월 3주

□ **주님의 기도** 주님이 가르쳐주신 기도로 가정예배를 시작합니다.

□ **찬송 부르기** 400장(험한 시험 물속에서)

□ **성경 읽기** 야고보서 1:5~8

※ 개역개정판

[5]너희 중에 누구든지 지혜가 부족하거든 모든 사람에게 후히 주시고 꾸짖지 아니하시는 하나님께 구하라. 그리하면 주시리라. [6]오직 믿음으로 구하고 조금도 의심하지 말라. 의심하는 자는 마치 바람에 밀려 요동하는 바다 물결 같으니 [7]이런 사람은 무엇이든지 주께 얻기를 생각하지 말라. [8]두 마음을 품어 모든 일에 정함이 없는 자로다.

※ 메시지성경

[5-8]여러분이 무엇을 어떻게 해야 할지 모르겠거든, 아버지께 기도하십시오. 그분은 기꺼이 도와주시는 분이십니다. 여러분은 그분의 도우심을 받게 될 것이며, 그분의 도우심을 구할 때 부끄러움을 당하지 않을 것입니다. 망설이지 말고, 믿음을 가지고 담대히 구하십시오. "기도해 놓고 염려하는" 사람은 바람에 밀려 출렁이는 물결과 같습니다. 그런 식으로 태도를 정하지 않은 채 바다에 표류하는 사람은, 주님께 무언가 받을 생각을 하지 마십시오.

□ 말씀 나누기

무작정 인내하고 참아낸다고 해서 시험을 이길 수 있는 것은 아닙니다. 시험을 이기는 방법이 있습니다. 바로 기도입니다. 기도가 시험을 이길 수 있는 진정한 방법입니다.

기도의 대상

야고보는 "지혜가 부족하거든… 하나님께 구하라"(5절)고 합니다. 여기에서의 지혜는 시험과 시련을 이겨내고 인내하게 하는 지혜를 말합니다. 우리 스스로의 지혜로는 인내를 온전히 이루는 방법을 찾을 수 없습니다. 그렇기 때문에 시련이 닥쳤을 때 우리는 더욱 하나님께 엎드리어 구하고 의지해야 합니다. 하나님의 지혜를 구해야 합니다. 하나님께 구하기만 하면 얻을 수 있습니다.

하나님은 어떤 분입니까? 하나님은 '모든 사람에게' 주시는 분이십니다. 하나님은 특별한 사람들의 기도만 들으시는 분이 아닙니다. 목회자나 이른바 '믿음이 좋은' 그런 사람들의 기도만 들어주시는 분이 아닙니다. 하나님은 모든 사람의 기도에 응답하십니다. 하나님의 전능하심을 바라보고 예수 그리스도의 이름으로 기도하는 사람이면 누구든지 하나님이 주시는 응답을 받을 수 있습니다.

하나님은 '후히 주시는' 분이십니다. 우리 하나님은 인색한 분이 아닙니다. 하나님은 '하나'를 달라 하면 '열'을 주시는 분이십니다. 하나님은 모든 기도에 응답하십니다. 물론 그 응답이 우리의 기대와 다를 수 있습니다. 하나님은 우리의 기도에 세 가지로 응답하십니다. 'Yes!'(오냐), 'No!'(안 돼) 그리고 'Wait!'(기다려)입니다. 'No!'(안 돼)는 거절이 아닙니다. 다른 풍성한 것으로 주시려는 하나님의 계획이 있기 때문에 아니라고 하시는 겁니다.

하나님은 후히 주시되 '꾸짖지 아니하시는' 분이십니다. 우리가 하나님께 받은 은혜를 세상의 욕심 때문에 다 잃어버리고 초라한 모습으로 돌아와 또 염치없이 간구해도, 하나님은 책망하시지 않으시고 후히 주시는 분입니다. 마치 미리 나누어준 재산을 탕진하고 돌아온 둘째 아들에게 새 옷을 입히고 잔치를 베푸는 아버지처럼 말입니다. 그러니 시험을 당할 때 무작정 참으려고만 하지 말고 하나님께 기도하십시오. 하나님은 우리를 기꺼이 도와주십니다.

믿음의 기도

또한 기도하더라도 "조금도 의심하지 말고 구하라"고 권면합니다. 기도는 믿음의 행위입니다. 하나님을 믿지 않으면서 기도할 수 없습니다. 아니 기도한다고 하더라도 제대로 된 기도일 수가 없습니다. 그런데 이 말씀을 오해하지 마십시오. 지금 야고보는 우리가 어떤 내용으로 기도하더라도 믿기만 하면 다 이루어질 것이라 말하는 것이 아닙니다.

오히려 시련을 극복할 수 있는 방법으로 하나님께 '지혜'를 구하라고 권면하고 있습니다. 시련을 피해갈 수 있는 길을 구하라거나 시련을 없애 줄 것을 구하라고 하지 않습니다. 상황을 바꾸어 달라거나 필요를 채워 달라고 요구하라고도 하지 않습니다. 오히려 하나님의 지혜를 구하라고 합니다. 하나님의 지혜를 구한다는 말은 하나님의 뜻을 구한다는 의미입니다. 하나님의 계획과 섭리를 알게 해달라는 것입니다.

'믿음의 기도'는 우리의 뜻과 계획을 하나님께 알리고 그것이 관철될 때까지 하나님께 무작정 떼쓰는 것이 아닙니다. 우리의 믿음은 '소원성취'에 대한 확신이 아니라 '하나님'에 대한 확신이어야 합니다. 우리를 향한 하나님의 사랑과 그분의 놀라운 능력에 대한 확신이어야 합니다. 이런 믿음의 기도가 여러 가지 시험 속에서도 끝까지 인내할 수 있는 지혜를 가지게 하는 것입니다.

겟세마네 동산에서 기도하시던 주님의 모습에서 우리는 가장 모범적인 믿음의 기도를 발견합니다. 주님의 솔직한 소망은 십자가를 지지 않는 것이었습니다. 어떻게든 피해가기를 바라셨습니다. 그러나 주님은 하나님 아버지의 뜻을 꺾어서라도 자신의 뜻을 이루려고 하지 않으셨습니다. 오히려 하나님의 뜻을 받아들이기 위해서 기도하셨습니다(눅 22:42).

야고보가 말하는 '믿음의 기도'는 바로 이런 것입니다. 만일 우리의 계획과 소원이 이루어지는 것을 가장 중요하게 여긴다면, 시련과 환난과 시험은 반드시 피해야만 하는 일들일 것입니다. 그러나 만일 하나님의 계획과 소원이 우리의 삶을 통해서 이루어지는 것을 가장 중요하게 여긴다면, 이야기가 완전히 달라집니다. 상황이 문제되지 않습니다. 풍랑이 불면 오히려 목적지에 더 빨리 다다를 수 있기 때문입니다.

그러니 어떤 상황에서도 하나님의 선하심을 의심하지 마십시오. 기도해 놓고도 염려하는 두 마음을 품지 마십시오. 오직 믿음으로만 간구하십시오. 그리고 하나님의 말씀에 순종하십시오. 그와 같은 믿음의 기도에 하나님은 놀라운 은혜로 응답해주십니다.

▫ 은혜 나누기
내가 가장 최근에 하나님께 기도한 내용에 대해서 함께 나눠봅시다.
▫ 공동 기도
하나님 아버지, 하나님은 모든 사람에게 후하게 베풀어주시는 분임을 믿습니다. 지금 우리 가정이 어떤 상황에 놓여 있을지라도 언제나 하나님의 선하심을 신뢰하며 기도할 수 있게 도와주세요.

그리스도인의 자랑거리

□ 주님의 기도 주님이 가르쳐주신 기도로 가정예배를 시작합니다.

□ 찬송 부르기 304장(그 크신 하나님의 사랑)

□ 성경 읽기 야고보서 1:9~11

※ 개역개정판

[9] 낮은 형제는 자기의 높음을 자랑하고 [10] 부한 자는 자기의 낮아짐을 자랑할지니 이는 그가 풀의 꽃과 같이 지나감이라. [11] 해가 돋고 뜨거운 바람이 불어 풀을 말리면 꽃이 떨어져 그 모양의 아름다움이 없어지나니 부한 자도 그 행하는 일에 이와 같이 쇠잔하리라.

※ 표준새번역

[9] 비천한 신도는 자기가 높아지게 된 것을 자랑하십시오. [10] 부자는 자기가 낮아지게 된 것을 자랑하십시오. 부자는 풀의 꽃과 같이 사라질 것이기 때문입니다. [11] 해가 떠서 뜨거운 열을 뿜으면, 풀은 마르고 꽃은 떨어져서, 그 아름다운 모습은 사라집니다. 이와 같이, 부자도 자기 일에 골몰하는 동안에 시들어 버립니다.

□ 말씀 나누기

세상 사람들은 돈이 많은 것을 자랑합니다. 반면에 가난한 사람들은 단지 돈이 없다는 이유로 비굴하게 살아갑니다. 그것이 일반적인 세상살이의 모습입니다. 그러나 믿음의 공동체인 교회는 다릅니다. 그리스도인은 돈을 자랑거리로 삼지 않습니다. 왜냐하면 우리에게는 돈보다 더 가치 있는 것이 있기 때문입니다.

가난한 형제의 자랑

야고보는 말합니다. "낮은 형제는 자기의 높음을 자랑하라"(9절). 여기에서 '낮은 형제'란 경제적으로 가난한 사람을 가리키는 말입니다. 당시 교회 안에는 자유인들도 있었지만, 신분이 낮고 가난한 사람들도 많이 있었습니다. 사회에서 멸시당하고, 사람 대접 받지 못하는 사람들이 많았습니다.

이들이 교회에 나와서 신앙생활 하게 된 가장 중요한 이유는 교회 안에서는 누구나 인격적인 대우를 받을 수 있었기 때문입니다. 출신 성분이 무엇이든지 예수님을 그리스도로 고백하는 사람이라면 누구나 믿음의 공동체의 일원이 될 수 있었기 때문입니다. 그것은 사회적인 신분이 낮은 형제에게 '기쁜 소식'이었습니다.

그렇습니다. 사회에서 아무리 낮은 계층에서 살아간다고 하더라도 교회 안에 들어오면 위치가 달라집니다. 그것을 야고보는 '높음'이라고 표현합니다. 다른 사람보다 높은 자리에 올라갔다는 그런 뜻이 아닙니다. 오히려 세상에서 취급받던 것과는 전혀 다른 신분을 가지게 되었다는 뜻입니다.

예수님을 영접하여 믿게 된 사람들에게 나타나는 가장 큰 신분의 변화는 '하나님의 자녀'가 된다는 것입니다(요 1:12). 그가 노예 출신이든지 자유인 출신이든지 상관없습니다. 그가 배우지 못했든지 많이 배웠든지 상관없습니다. 그가 가난하든지 부자이든지 상관없습니다. 예수님을 믿기만 하면 누구나 하나님의 자녀가 되어 하나님 아버지를 섬길 수 있게 되는 것입니다. 이것이 기독교 신앙이 선포하는 복음입니다.

그리스도인으로서 우리가 자랑해야 할 것은 넓은 아파트 평수가 아닙니다. 자녀들이 좋은 대학에 합격한 것이 아닙니다. 그리스도 안에서 얻게 된 새로운 신분을 우리는 자랑해야 합니다. 특히 예수님을 알지 못하는 사람들에게 '하나님의 자녀 됨'을 드러내어 자랑해야 하는 것입니다.

부자 형제의 자랑

야고보는 또 말합니다. "부한 자는 자기의 낮아짐을 자랑하라"(10절). 이 말은 부자가 예수님을 믿고 난 후에 가난한 사람이 되었다는 뜻이 아닙니다. 오히려 자신의 재물을 자랑거리로 생각하지 않게 되었다는 뜻입니다. 예수님을 알기 전에는 돈이 자신의 신분을 증명한다고 생각했습니다. 그래서 하늘 높은 줄 모르고 한없이 교만했습니다. 그런데 예수님을 믿게 되면서 돈의 진정한 가치를 깨닫게 된 것입니다.

천국 비유 중에서 극히 값진 진주를 발견한 사람이 소유를 다 팔아 그 진주를 산다는 이야기가 있습니다(마 13:45-46). 여기에서 진주는 천국을 상징합니다. 극히 값진 진주를 발견하기 전까지는 돈이 최고의 가치였지만, 진주를 발견하고 난 후에는 달라졌습니다. 자기의 소유를 모두 팔아서라도 그 진주를 얻으려고 합니다. 돈보다 더 소중한 가치를 천국에서 발견한 것이지요.

이러한 변화를 가리켜서 야고보는 '낮아짐'으로 표현하고 있는 것입니다. 이렇듯 예수님을 믿게 되면 삶에 대한 가치관이 달라집니다. 낮은 형제는 자기의 '높음'을 자랑하게 되고, 부한 자는 자기의 '낮아짐'을 자랑하게 됩니다. 가난한 사람은 자긍심을 가지게 되고, 부요한 사람은 겸손하게 됩니다. 상황은 크게 달라지지 않았지만, 삶의 태도와 가치관이 180도 달라진 것입니다.

이 세상에는 가난하게 살면서도 그것 때문에 기죽지 않는 사람, 풍요롭게 살면서도 그것 때문에 교만하지 않는 사람이 있습니다. 그 반대로 가난하기 때문에 늘 부끄러워하며 사는 사람, 남보다 조금 더 많이 가졌다고 목에 힘주며 사는 사람도 있습니다. 신앙적인 가치관과 세상적인 가치관이 만들어내는 차이입니다. 우리 그리스도인들은 신앙적인 가치관을 가지고 살아가는 사람입니다.

그리스도인은 경제적인 문제로 인해 불필요한 열등감이나 우월감에 빠지지 않습니다. 그리스도인은 돈의 지배가 아니라 하나님의 통치를 받는 사람들이기 때문입니다. 가난한 형제는 부족한 자신을 하나님의 자녀로 삼아주시는 은혜를 깨닫고 부요한 형제는 돈보다 더 소중한 인생의 가치를 깨닫습니다. 그리하여 모두 예수 그리스도를 자랑하며 살아갑니다.

이 세상의 부귀영화는 풀의 꽃과 같습니다. 뜨거운 바람이 불면 순식간에 그 아름다움이 사라집니다. 우리는 덧없이 사라질 재물을 더 많이 소유하기 위해서 신앙생활하고 있는 것이 아닙니다. 우리는 영원한 하나님 나라를 소망하는 사람들입니다.

□ 은혜 나누기
우리 가정이 자랑거리로 삼고 있는 것이 무엇인지 함께 나누어봅시다.
□ 공동 기도
하나님 아버지, 한없이 부족한 우리를 하나님의 자녀로 삼아주시니 감사합니다. 이제부터 언제나 하나님의 은혜와 사랑을 자랑하며 살아갈 수 있도록 우리 가정을 다스려주세요.

2월 1주 **시험을 참는 자**

□ **주님의 기도** 주님이 가르쳐주신 기도로 가정예배를 시작합니다.

□ **찬송 부르기** 337장(내 모든 시험 무거운 짐을)

□ **성경 읽기** 야고보서 1:12

　　※ 개역개정판

　　¹²시험을 참는 자는 복이 있나니 이는 시련을 견디어 낸 자가 주께서 자기를 사랑하는 자들에게 약속하신 생명의 면류관을 얻을 것이기 때문이라.

　　※ 표준새번역

　　¹²시험을 견디어 내는 사람은 복이 있습니다. 그 사람은 그의 참됨이 입증되어서, 생명의 면류관을 받을 것이기 때문입니다. 그것은 하나님을 사랑하는 사람들에게 약속된 것입니다.

□ **말씀 나누기**

　지난 시간에 우리는 경제적인 문제에 대한 그리스도인의 가치관에 대해서 묵상했습니다. 오늘은 신앙생활을 하면서 당하게 되는 '시험'에 대해서 살펴보겠습니다.

　시험을 참는 자

　야고보는 "시험을 참는 자는 복이 있다"고 말합니다. 여기에서 '시험trial'은 외부로부터 오는 역경, 고난, 환난, 박해를 의미합니다. 이 시험은 귀금속이 어떤 검사에서 무사히 통과하는 것과 같습니다. 시험의 대상이 되었던 귀금속이 시험을 통과했을 때 비로소 진품으로 인정됩니다. 시련을 잘 참고 견디면 진짜로 인정받게 되는 것이지요.

따라서 '시험'은 마치 금의 순도를 측정하기 위한 시금석이라 할 수 있습니다. 그 시험을 통과하지 않고서는 진짜인지 가짜인지를 검증받을 수 없습니다. 그리스도인들도 신앙생활의 순도를 측정하기 위한 시험을 받아야 합니다. 그 시험을 통과하는 것은 영생을 향해 나아가는 우리가 반드시 거쳐야만 하는 구원 행로인 것입니다.

물론 시험을 참는다는 것은 쉽지 않습니다. 많은 사람들이 시험을 당하여 그 시험에 빠지기도 합니다. 심지어 신앙생활을 포기하기도 합니다. 그러나 끝까지 남은 사람들도 분명히 있습니다. 문제가 없어서 그렇게 잘 참아낸 것이 아닙니다. 여러 가지 고통스러운 문제가 있었음에도 불구하고 쓰러지지 않은 것이지요. 그런 사람들을 가리켜서 우리는 '시험을 참는 자'라고 말하는 것입니다.

주님에게도 피하고 싶었지만 피할 수 없었던 십자가가 있었습니다. 주님을 따르는 우리들에게도 십자가가 있습니다. 주님은 "아무든지 나를 따라오려거든 자기를 부인하고 자기 십자가를 지고 나를 좇을 것이니라"(막 8:34)고 말씀하셨습니다. 운명적으로 그리스도인들은 주님이 지신 십자가처럼 져야 할 십자가가 있습니다. 그러나 주님처럼 십자가의 길을 묵묵히 끝까지 걷는 사람들에게 복이 있습니다. 그 복이 무엇일까요?

생명의 면류관
야고보는 그것을 '생명의 면류관the crown of life'이라고 말합니다. 우리말 '면류관冕旒冠'은 왕이 정복正服에 갖추어 쓰던 관을 말합니다. 위에는 긴 사각형의 판이 있고, 판의 앞에는 구슬꿰미를 늘어뜨린 모양으로 되어 있습니다. 그래서 '생명의 면류관'을 받는다고 하면 대단한 상급과 지위가 주어지는 것처럼 생각할 수 있습니다.

그러나 이에 해당되는 헬라어 '스테파노스'(στέφανος, stephanos)는 그런 '왕관'이 아니라, 고대 올림픽 경기의 승자에게 주어지는 '월계관月桂冠'을 가리키는 말입니다. 월계수의 가지와 잎으로 만들어진 영예를 상징하는 관입니다. 올림픽 경기에서 월계관은 다른 사람보다 앞선 사람에게 수여되지만, 신앙의 경주에서 월계관은 죽도록 충성하는 모든 사람에게 수여됩니다.

주님은 서머나교회 성도들에게 이렇게 말씀하셨습니다.

"너는 장차 받을 고난을 두려워하지 말라. 볼지어다. 마귀가 장차 너희 가운데에서 몇 사람을 옥에 던져 시험을 받게 하리니 너희가 십 일 동안 환난을 받으리라. 네가 죽도록 충성하라. 그리하면 내가 생명의 면류관을 네게 주리라"(계 2:10).

한때 열심히 교회 다닌 사람이 아닙니다. 한때 열심히 봉사한 사람이 아닙니다. 마지막 순간까지 믿음으로 견뎌낸 사람입니다. 마땅히 있어야 할 자리에 있으며, 마땅히 해야 할 일을 한 사람입니다. 그렇게 믿음을 지키다가 목숨을 잃는 한이 있더라도 절대로 포기하지 않는 사람입니다. 그런 사람에게 '생명의 월계관'이 주어지는 것입니다.

하나님을 사랑하는 사람들

새번역 성경으로 읽으면 '하나님을 사랑하는 사람들에게 약속된 것'이라는 설명이 눈에 들어옵니다. 즉 끝까지 시험을 참고 견디는 사람들이야말로 진정으로 하나님을 사랑하는 사람으로 인정받을 수 있다는 것입니다.

그것은 마치 부부 사이에 '사랑'을 증명하는 것과 같습니다. 결혼식에서 "이제부터 평생토록, 즐거우나 괴로우나, 건강하거나 병들거나, 부요할 때나 가난할 때나, 어떠한 환경 중에서라도 그대만을 귀중히 여기고 사랑할 것"을 선서합니다. 건강할 때, 즐거울 때 사랑하는 것은 그리 어렵지 않습니다. 그러나 괴로울 때, 병들었을 때 그리고 가난할 때 사랑하는 것은 쉽지 않습니다. 그때 사랑하는 것이 진짜 사랑입니다.

주님에 대한 사랑도 마찬가지입니다. 시험 중에도 믿음을 굳게 세우고 의리를 지키는 것이 주님을 사랑하는 것입니다. 물론 일이 잘 풀려갈 때 주님을 사랑하는 것도 말처럼 쉽지는 않습니다. 그러나 일이 잘 풀려가지 않을 때, 경제적으로 가난하게 되었을 때, 몸이 병들었을 때에도 변함없이 주님을 사랑하는 것은 정말 힘든 일입니다. 그게 진짜 사랑입니다. 시험을 견디어 냄으로써 주님을 향한 사랑이 증명되는 것입니다.

따라서 우리가 당하는 시험과 시련은 우리의 믿음과 사랑을 증명할 수 있는 가장 좋은 기회입니다. 그것을 회피하려고 하거나 불평거리로 삼지 말고, 오히려 정면으로 맞서서 견뎌내야 합니다. 그럴 때 '생명의 월계관'을 쓰는 복 있는 사람이 되는 것입니다.

▫ 은혜 나누기
하나님을 믿는다는 이유로 억울한 일을 당한 경우가 있다면 함께 나누어봅시다.
▫ 공동 기도
하나님 아버지, 시험을 당할 때 그것을 피해서 도망 다니지 않게 해주세요. 오히려 주님을 향한 우리의 믿음과 사랑을 증명할 수 있는 기회로 삼을 수 있도록 성령님 우리 가정을 붙들어 주세요.

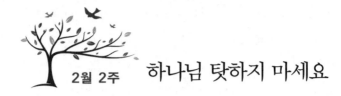

2월 2주 **하나님 탓하지 마세요**

□ **주님의 기도** 주님이 가르쳐주신 기도로 가정예배를 시작합니다.

□ **찬송 부르기** 350장(우리들이 싸울 것은)

□ **성경 읽기** 야고보서 1:13~14

※ 개역개정판

13사람이 시험을 받을 때에 내가 하나님께 시험을 받는다 하지 말지니 하나님은 악에게 시험을 받지도 아니하시고 친히 아무도 시험하지 아니하시느니라. 14오직 각 사람이 시험을 받는 것은 자기 욕심에 끌려 미혹됨이니….

※ 메시지성경

13-14악에 빠질 위험에 처한 사람을 보거든 "하나님이 나를 넘어뜨리려 한다"고 함부로 말하지 못하게 하십시오. 하나님께서는 악에게 영향 받는 분도 아니시며, 누군가의 앞길에 악을 들이미는 분도 아니십니다. 우리는 누구도 탓해서는 안 됩니다. 탓하려면, 자꾸 곁눈질하고 유혹에 이끌리는 우리 자신의 타오르는 욕심을 탓할 것밖에 없습니다.

□ **말씀 나누기**

지난 시간에 우리는 시험을 참는 자가 받을 복에 대해서 묵상했습니다. 그런데 시험을 당할 때에 믿음의 인내를 보이는 것은 말처럼 쉬운 일이 아닙니다. 그런 어려움에 직면했을 때 인내하며 이겨내기보다는, 너무나 쉽게 다른 사람 탓으로 돌립니다. 심지어 자기가 분명히 잘못한 일에 대해서조차 다른 사람에게 그 책임을 떠넘기려고 합니다. 그것이 인간이 가지고 있는 죄의 속성입니다.

책임을 떠넘기는 죄인

자신이 가난하게 살게 된 것을 부자들 탓이라 생각하는 사람들이 있습니다. 자기가 공부 못하는 것을 부모를 잘못 둔 탓이라 생각하는 자녀들도 있습니다. 정말 그럴까요? 취직 못 하는 것이 부조리한 사회 탓일까요? 그런 식의 사고방식이 여러 가지 시험과 시련에 대한 책임을 결국 하나님에게 돌리게 하는 것입니다.

이에 대해서 야고보는 말합니다. "시험을 당할 때에 하나님께 시험을 받는다고 하지 말라"(13절). 메시지성경은 이것을 "하나님이 나를 넘어뜨리려고 한다"고 표현합니다. 하나님이 함정을 파놓고 악의적으로 나를 거기에 빠뜨리려고 한다는 것입니다. 야고보는 그렇게 "함부로 말하지 못하게 하라!"고 경고합니다.

그런데 사실 이렇게까지 심하게 표현하지는 않지만, 우리도 어떤 어려운 일을 만났을 때에 하나님을 원망하곤 합니다. "하나님, 왜 나에게 이런 일을 겪게 하십니까!"라고 말합니다. 뜻밖에 암 진단을 받게 되었다던가, 갑작스러운 가족의 죽음을 보게 되었다든가 했을 때에 그런 생각을 가지게 됩니다. 그런데 잘 생각해 보십시오. 정말 하나님이 나를 넘어뜨리려고, 망하게 하려고 그렇게 시험하시는 것일까요?

암이 발병하는 것에는 우리가 알지 못하는 수만 가지의 이유가 작용합니다. 식생활의 습관이 잘못되었을 수도 있고, 본래 그런 유전인자를 가지고 태어났을 수도 있습니다. 오히려 보다 일찍 발병할 수도 있었는데 하나님의 은혜로 지금까지 건강하게 살아왔는지도 모릅니다. 그런데도 우리는 너무나 쉽게 "어떻게 나에게 이러실 수가 있습니까?" 하면서 하나님에게 책임을 묻습니다.

야고보는 분명하게 말합니다. "하나님 탓으로 돌리려고 하지 마라! 하나님은 악에게 시험을 받지도 않고 아무도 시험하지 않는다!"고 말입니다. 하나님은 사람들의 앞길에 함정을 파놓고 그것에 빠지는 것을 보고 즐기는 그런 괴팍한 성격을 가진 분이 아닙니다. 그러니 그렇게 함부로 말하면 안 됩니다. 그것은 하나님의 신실하심과 사랑을 믿지 못하게 하려고 사탄이 우리에게 넣어주는 생각입니다.

자기 욕심의 유혹

그렇다면 왜 사람들은 시험을 받게 되는 것일까요? 야고보는 "자기 욕심에 끌려 미혹되었기 때문"(14절)이라고 말합니다. 그렇습니다. 사람들이 사탄의 유혹에 넘어가는 것은 바로 '자기 욕심' 때문입니다. 욕심을 부리지 않으면 사실 시험에 들지도 않습니다. 욕심 때문에 시험에 드는 것입니다.

여기에서 '욕심evil desire'과 '욕구desire'를 구분할 필요가 있습니다. 하나님은 인간에게 욕구를 주셨습니다. 식욕은 인간의 건강을 위해서 주신 욕구입니다. 그러나 욕심껏 많이 먹어 탈이 나는 것은 식욕을 절제하지 못한 당사자의 잘못입니다. 무엇을 이루고 싶어 하는 욕구는 자연스러운 것입니다. 그러나 그것에 욕심이 들어가면 문제가 생깁니다. 이 세상의 온갖 죄악들은 욕구가 아니라 욕심 때문에 생겨납니다.

에덴동산에서도 마찬가지였습니다. 하나님께서 동산의 실과는 다 먹고 누리라 말씀하셨습니다. 좋은 것을 모두 허락해주셨습니다. 게다가 동산 중앙에 생명 나무도 주셨습니다. 그런데 그들은 하나님이 금하신 단 한 가지, 선악과를 따먹었습니다. 왜요? 하나님처럼 되고 싶은 헛된 욕심 때문입니다. 하나님이 선악을 알게 하는 나무를 만들어 놓으셨기 때문에 인간이 시험에 들었습니까? 아닙니다. 사탄이 부추기는 속임수에 넘어가서 욕심을 부리다가 시험에 든 것입니다.

그런데도 그들은 하나님을 탓합니다. 하와는 뱀 탓이라고 하고, 아담은 하와 탓이라고 합니다. 그런데 그 말이 교묘합니다. 정확하게 읽으면 이렇습니다. "하나님이 주셔서 나와 함께 있게 하신 여자 그가 그 나무 열매를 내게 주므로 내가 먹었나이다"(창 3:12). 무슨 뜻입니까? 하나님이 여자를 만들어 주지 않았다면 선악과를 먹지도 않았을 것이라는 뜻입니다. 아담은 지금 하나님을 탓하고 있는 것입니다!

하나님은 누구도 시험하지 않으십니다. 하나님은 오히려 우리에게 생명 주시기를 원하십니다. 우리가 잘 되기를 바라십니다. 왜냐하면 우리는 하나님이 만드신 작품이기 때문입니다. 사랑의 대상이기 때문입니다. 그러니 어떤 시험을 당하더라도 결코 하나님 탓하지 마십시오. 하나님께 책임을 떠넘기다가 정말 시험에 들게 됩니다.

□ 은혜 나누기
내 잘못을 다른 사람 탓으로 돌린 적이 있었다면 함께 나누어봅시다.
□ 공동 기도
하나님 아버지, 어떤 어려운 일을 당하더라도 결코 하나님께 그 책임을 떠넘기지 않게 해주세요. 오히려 하나님의 사랑을 신뢰하며 끝까지 믿음의 길을 걸어갈 수 있게 해주세요.

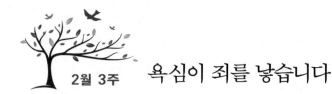

욕심이 죄를 낳습니다

2월 3주

□ **주님의 기도** 주님이 가르쳐주신 기도로 가정예배를 시작합니다.

□ **찬송 부르기** 368장(주 예수여 은혜를)

□ **성경 읽기** 야고보서 1:15

　※ 개역개정판

　[15]욕심이 잉태한즉 죄를 낳고 죄가 장성한즉 사망을 낳느니라.

　※ 메시지성경

　[15]욕심이 잉태하면 죄를 낳습니다. 그리고 죄가 자라서 어른이 되면 진짜 살인

　자가 됩니다.

□ **말씀 나누기**

　사람들은 어려운 일을 당할 때에 다른 사람을 탓하거나, 사회나 환경을 탓하다가 마지막에는 하나님을 탓하곤 합니다. 이것이 죄인의 특징적인 모습입니다. 그러나 사람이 시험을 받는 것은 '자기 욕심'의 유혹에 넘어갔기 때문입니다. 그 원인은 세상이 아닙니다. 다른 사람도 아닙니다. 환경도 아닙니다. 더더욱 하나님도 아닙니다. 원인은 바로 자기 자신입니다. 욕심에 이끌려 사는 인간이 문제입니다.

　따라서 시험과 시련이 올 때에 우리가 가장 먼저 해야 할 일은 자신을 돌아보는 것입니다. 그리고 욕심에 이끌려 사는 자신의 모습이 발견된다면 빨리 회개해야 합니다. 지난 시간에 우리가 묵상한 말씀입

니다.

죄의 시작 ― 욕심

그런데 야고보가 이렇게 '욕심'에 대해서 강력하게 경고하는 이유
가 있습니다. 욕심은 그냥 욕심으로 끝나지 않기 때문입니다. 야고보
는 이렇게 말합니다. "욕심이 잉태한즉 죄를 낳고 죄가 장성한즉 사망
을 낳는다"(15절). 이 말씀은 인간을 죽음으로 이끌어가는 사탄의 계략
을 단계적으로 잘 설명하고 있습니다.

그 출발은 '욕심'을 잉태하는 것입니다. NIV 성경은 '잉태하다'를
'conceive'라는 동사로 표현합니다. 이는 '상상하다, 생각하다'는 뜻
과 함께 '임신하다'는 뜻도 가지고 있습니다. 두 가지 모두 의미가 있습
니다. 그중에서 우리말 성경은 '잉태하다'로 번역하고 있는 것입니다.
그렇습니다. 생각도 잉태하고, 아기도 잉태합니다.

'탐욕스러운 마음慾心'은 처음에는 속에서 생각으로 시작됩니다. 마
치 산모가 임신하게 되었을 때에는 겉으로 잘 나타나지 않는 것과 같
습니다. 그러나 시간이 지나면서 점점 그 변화가 나타나지요. 욕심도
마찬가지입니다. 처음에는 마음의 생각 정도였지만 그것이 점점 자라
나서 어떤 구체적인 행동과 결과를 가져옵니다.

그것이 무엇입니까? 바로 '죄'입니다. 성경은 이것을 "죄를 낳는다"
고 표현합니다. 구체적으로 죄의 행동을 하게 된다는 것입니다.

죄의 결과 ― 죽음

그런데 더욱 큰 문제는 일단 죄를 짓고 나면 그것으로 끝이 아니라
는 사실입니다. 죄는 그냥 가만히 있지 않습니다. 죄는 점점 더 커집니
다. "바늘 도둑이 소 도둑 된다"는 속담이 정말 맞습니다. 한 번 죄를

짓기가 어렵지 두 번째, 세 번째는 점점 쉬워집니다. 아이가 점점 성장하듯이 죄도 점점 성장하는 것입니다.

그런데 죄가 어디까지 자라게 될까요? '죽음'까지 갑니다. 본문은 "죄가 장성한즉 사망을 낳는다"고 표현합니다. 이 말씀을 거꾸로 읽으면 사망이란 죄가 '완전히 자란full-grown' 상태라고 할 수 있습니다. 죽음은 죄가 완전히 성장했을 때에 다다를 종착역입니다. 죄는 결국 인간을 죽음으로 몰아갑니다. 그래서 바울도 로마서에서 '죄의 삯은 사망'(롬 6:23)이라고 했습니다.

그런데도 사람들은 계속 죄를 짓습니다. 그 이유가 무엇일까요? 죄가 나쁘다는 것을 몰라서일까요? 아닙니다. 사람들은 죄가 나쁘다는 것을 잘 압니다. 나쁘다는 것을 알면서도 죄를 멈추지 않는 것은, 죄의 결과가 당장에 나타나지 않기 때문입니다. 만일 죄를 짓는 즉시 벌을 받아 죽게 된다면, 아마도 그것을 지켜보는 다른 사람들이 경고를 받게 될 겁니다. 그런데 그렇게 즉시 나타나지 않으니까 괜찮을 줄 알고 계속 죄를 짓는 것이지요.

그 모든 것의 시작이 바로 욕심입니다. 마음에 욕심이 잉태되면, 시간문제일 뿐 결국에는 죄를 거쳐서 죽음에 다다르게 됩니다. 따라서 만일 우리가 죽음으로 끝나는 인생을 살지 않기를 원하지 않는다면, 하나님 나라에서 '생명의 월계관'을 받기를 원한다면, 영적인 레이더를 민감하게 작동해야 합니다. 욕심이 잉태되지 않도록 항상 점검해야 합니다. 무엇보다 우리의 마음을 하나님의 말씀으로 지키고, 기도 생활로 지켜야 합니다.

그래서 주님께서는 제자들에게 "시험에 들지 않게 깨어 있어 기도하라"(막 14:38)고 말씀하셨습니다. 시험은 마음에서부터 시작됩니다. 마음에 시험이 들면 잘못된 생각을 품게 되고 그러다가 몸으로 죄를 짓게 되는 것입니다. 우리가 늘 깨어 있어 기도하지 않으면 그렇게 되기 쉽습니다.

기도는 마치 예방 주사와 같습니다. 기도는 시험에 들기 전에 해야 하는 것입니다. 그러나 일단 시험에 들고 나면 기도가 잘 되지 않습니다. 그때는 성령님의 치료와 수술을 받는 수밖에 없습니다. 그래야 고쳐집니다. 모든 병에는 예방이 가장 중요합니다. 건강한 신앙생활도 마찬가지입니다. 병이 심해진 후에 고쳐달라고 하지 말고, 미리 시험에 들지 않게 깨어 있어 기도해야 합니다.

건강은 건강할 때 지키라고 합니다. 믿음도 마찬가지입니다. 욕심이 내 마음에 잉태되지 않도록 늘 내려놓는 훈련을 받아야 합니다. 욕심이 둥지 틀지 않도록 늘 영적인 레이더를 민감하게 작동해야 합니다. 이를 위해서 '말씀 생활'과 '기도 생활'보다 더 좋은 방법은 없습니다. 우리가 가정예배를 중요하게 여기는 이유가 바로 여기에 있습니다.

▢ 은혜 나누기
마음의 생각이 잘못된 행동으로 발전한 경험이 있다면 함께 나누어봅시다.

▢ 공동 기도
하나님 아버지, 우리의 마음에 욕심이 잉태되지 않도록 늘 깨어 있어 기도할 수 있게 도와주세요. 가정예배를 통해서 우리 가족이 서로의 마음을 지켜주는 파수꾼의 역할을 할 수 있도록 해주세요.

2월 4주 속지 마세요

□ 주님의 기도 주님이 가르쳐주신 기도로 가정예배를 시작합니다.

□ 찬송 부르기 538장(죄 짐을 지고서 곤하거든)

□ 성경 읽기 야고보서 1:16~18

※ 개역개정판

¹⁶내 사랑하는 형제들아 속지 말라. ¹⁷온갖 좋은 은사와 온전한 선물이 다 위로부터 빛들의 아버지께로부터 내려오나니 그는 변함도 없으시고 회전하는 그림자도 없으시니라. ¹⁸그가 그 피조물 중에 우리로 한 첫 열매가 되게 하시려고 자기의 뜻을 따라 진리의 말씀으로 우리를 낳으셨느니라.

※ 메시지성경

¹⁶⁻¹⁸그러니 사랑하는 친구 여러분, 가던 길에서 벗어나지 마십시오. 모든 바람직하고 유익한 선물은 하늘로부터 옵니다. 빛의 아버지로부터 폭포처럼 하염없이 내려옵니다. 하나님께는 속임수나, 겉과 속이 다르거나, 변덕스러운 것이 전혀 없습니다. 그분께서는 참된 말씀으로 우리를 소생시키시고, 우리를 모든 피조물의 머리로 삼아 돋보이게 하셨습니다.

□ 말씀 나누기

이단의 특징은 교회에 출석하며 신앙생활하고 있는 기존 신자들을 집중적으로 노린다는 것입니다. 그들이 특히 노리는 사람은 성경에 대해서 어중간하게 알고 있는 교인들입니다. 알기는 하지만 제대로 확실하게 알지 못하는 그런 사람들을 속이는 것이 제일 쉽기 때문입니다. 그런 점에서 '이 세대의 아들들'이 '빛의 아들들'보다 훨씬 더 지혜롭습니다. 그들은 정확하게 짚고 있습니다. 어중간하게 신앙생활하는 사람들이 더욱 쉽게 시험에 빠진다는 사실을 잘 알고 있는 것입니다.

사탄의 속임수

오늘 본문에서 야고보도 같은 경고를 하고 있습니다. "내 사랑하는 형제들아, 속지 말라"(16절). 무엇에 속지 말라는 것일까요? 그 내용은 앞에서 야고보가 언급한 "시험을 받을 때에 하나님께 시험을 받는다 하지 말라"(13절)는 말씀에 담겨 있습니다. 하나님께 시험을 받는다고 생각하게 하는 그것이 바로 사탄의 속임수입니다. 사탄은 하나님의 선하심과 신실하심을 자꾸 의심하게 만듭니다.

경제적인 어려움을 겪게 되거나 질병의 고통을 받게 될 때에 대개 영적으로도 약해지기 쉽습니다. 이때 사탄은 이런 생각들을 집어넣습니다. "하나님이 너를 사랑하지 않나봐!" "네가 뭘 잘못했다고 하나님이 이러시는 걸까?" "만일 하나님이 선하시다면 아무 죄도 없는 아이에게 이런 일이 일어나게 하지는 않으실 거야." "하나님은 변덕이 심한 독재자야!" "아니, 하나님은 아예 존재하지 않는지도 몰라…." 이런 속임수에 넘어가지 말라는 것입니다.

이 부분을 메시지성경은 "가던 길에서 벗어나지 말라"고 풀이합니다. 그렇습니다. 사탄의 속임수에 넘어가면 가던 길에서 벗어나게 됩니다. 지금까지 얼마나 많은 사람들이 사탄에게 속아서 생명의 길에서 이탈했는지 모릅니다. 고지高地가 바로 저긴데 그만 도중에 낙오하여 떨어져 나갑니다.

우리가 신앙생활을 시작하던 그때를 한번 생각해 보면, 우리 주위에 참 많은 친구들이 있었습니다. 그런데 지금 그들은 교회에서 보이지 않습니다. 그들은 왜 세상으로 떨어져 나갔을까요? 사탄에게 속아 넘어간 것입니다. 하나님에 대한 신앙고백이 분명하지 않으면 그렇게 됩니다. 그냥 재미로 교회 다니고 친구 만나려고 다니면 시험을 당할 때에 속아 넘어가기 쉽습니다.

하나님의 선하심

야고보는 말합니다. "온갖 좋은 은사와 온전한 선물이 다 위로부터 빛들의 아버지께로부터 내려온다"(17절). '은사'는 하나님께서 우리의 유익을 위해서 '선물'로 주시는 모든 것들입니다. 좋은 은사는 하나님 아버지로부터 옵니다. 빛을 창조하시고 우주를 창조하신 하나님에게는 어두움이 없습니다. 하나님은 인간을 곤란에 빠뜨리거나 유혹하여 넘어지게 하거나 결코 어둡고 불행하게 만드시는 분이 아닙니다.

야고보는 여기에서 특별히 '하나님의 선하심'을 힘주어 말합니다. 하나님은 우리에게 필요한 모든 좋은 은사와 선물을 주시는 참 좋은 분이라는 것입니다. 이것을 믿지 못하고 의심하는 사람들이 사탄의 계략에 속아 넘어갑니다. 따라서 어떤 상황 속에서도 선하신 하나님을 의심하면 안 됩니다. 그 믿음이 흔들리면 사탄에게 속는 것입니다.

물론 때로 우리가 이해할 수 없는 고난과 어려운 일을 만나기도 합니다. 그러나 우리가 이해하지 못한다고 해서 하나님의 선하심이 사라지는 것은 아닙니다. 우리는 오히려 모든 것을 합력하여 선을 이루게 하시는 하나님의 사랑을 믿고 신뢰하며 그 고난을 견디어내야 합니다. 그럴 때에 마침내 '생명의 월계수'를 쓰게 되는 것입니다.

또한 야고보는 '하나님의 변함없으심'을 강조합니다. "그는 변함도 없으시고 회전하는 그림자도 없으시다"는 말씀이 바로 그것입니다.

하나님은 '시시각각으로 바뀌는 그림자처럼 변하지 않으시는 분'이십니다. 이 세상의 사물은 항상 변합니다. 사람의 마음도 얼마나 변덕이 심한지 모릅니다. 그러나 하나님은 그런 분이 아니십니다. 우리는 상황이 어려워지면 우리를 향한 하나님의 마음이 바뀐 것으로 의심하지만, 그것은 사탄의 속임수입니다. 하나님은 어제나 오늘이나 영원히 한결같으신 분입니다.

하나님은 우리를 사랑하시되 영원히 한결같이 사랑하십니다. 하나님의 사랑은 인간의 사랑처럼 기분 따라 달라지고 상황 따라 바뀌지 않습니다. 선한 목자이신 하나님을 신뢰한다면 우리는 사망의 음침한 골짜기로 인도하실 때 순종하며 따라갈 수 있습니다. 그 길이 저 높은 곳에 있는 푸른 초장을 향해 가는 지름길이라는 사실을 조만간 알게 될 것입니다. 그러나 목자를 의심하고 그 길에서 벗어나면 우리는 늑대 밥이 될 뿐입니다.

□ 은혜 나누기
사탄의 속임수에 넘어간 경험이 있다면 함께 나누어봅시다.

□ 공동 기도
하나님 아버지, 어떤 일을 만나더라도 하나님의 선하심을 의심하지 않게 해주세요. 그리하여 사탄에게 속아 믿음의 길에서 벗어나지 않도록 우리 가정을 지켜주세요.

잘 듣는 사람

3월 1주

□ 주님의 기도 주님이 가르쳐주신 기도로 가정예배를 시작합니다.

□ 찬송 부르기 455장(주님의 마음을 본받는 자)

□ 성경 읽기 야고보서 1:19~20

  ※ 개역개정판

  ¹⁹내 사랑하는 형제들아, 너희가 알지니 사람마다 듣기는 속히 하고 말하기는 더디 하며 성내기도 더디 하라. ²⁰사람이 성내는 것이 하나님의 의를 이루지 못함이라.

  ※ 메시지성경

  ¹⁹⁻²⁰사랑하는 친구 여러분, 사람들이 모이는 곳마다 이렇게 알리십시오. 귀를 앞세우고, 혀가 뒤따르게 하고, 분노는 한참 뒤처지게 하라고 말입니다. 사람이 화내는 것으로는 하나님의 의를 자라게 할 수 없습니다.

□ 말씀 나누기

  한국교회가 가지고 있는 가장 큰 약점은 '신앙과 생활의 불균형'입니다. 교회에서는 믿음이 좋은 것처럼 보이는데 실제 생활에서는 전혀 그리스도인답지 않는 이중적인 신앙 인격을 가진 사람들이 적지 않습니다. 그것 때문에 세상 사람들에게 손가락질을 받기도 합니다.

  야고보는 믿음을 삶으로 풀어내는 일에 관심을 가지고 있습니다. 오늘 본문의 주제인 '언어생활'도 마찬가지입니다. 교회나 가정에서 얼마나 많은 사람들이 '말'로 서로에게 상처를 주고받는지 모릅니다. 은혜 받았다고는 하는데, 새사람이 되었다고는 하는데 말이 달라지지는 않은 것입니다. 사람이 변화되면 말하는 방식이나 내용도 같이 바뀌어야 하는데, 그렇지 못하다는 것이 문제입니다.

듣기는 속히 하라

이에 대해서 야고보는 권면합니다. "사람마다 듣기는 속히 하고 말하기는 더디 하며 성내기도 더디 하라"(19절). "듣기는 속히 하라"는 말씀은 "듣는 일에 민첩하라"는 뜻입니다. 다른 말로 바꾸면 '잘 듣는 사람a good listener'이 되라는 것입니다. 무엇을 들을 때 그렇게 해야 합니까? 하나님의 말씀입니다.

앞에서 야고보는 하나님께서 "자기의 뜻을 따라 진리의 말씀으로 우리를 낳았다"(18절)고 했습니다. "말씀으로 낳았다"는 말은 "말씀을 들음으로써 예수 그리스도를 믿게 되어 거듭났다"는 뜻입니다. 믿음은 들음에서 난다고 했습니다. 하나님의 말씀을 잘 들어야 믿음이 생깁니다. 그렇게 하나님의 말씀을 듣는 일을 잘해야 한다는 것입니다.

동시에 "말하기는 더디 하라"고 합니다. 말씀을 잘 듣기 위해서는 또한 말하기를 더디 해야만 합니다. 남의 말을 잘 듣지 않는 사람들에게 발견되는 공통된 특징이 하나 있습니다. 그것은 말하기를 좋아한다는 사실입니다. 쉬지 않고 자기 생각과 주장을 이야기하는데 어떻게 다른 사람들이 하는 말을 들을 수 있겠습니까.

고대 그리스의 철학자 제노는 "사람에게 귀가 둘이 있고, 입이 하나만 있는 것은 많이 듣고 적게 말하라는 뜻이다"라고 했습니다. 두마디 듣고 한 마디 말하는 것이 지혜로운 언어생활입니다. 그리스도인의 언어생활은 잘 듣는 일부터 시작해야 합니다.

성내기는 더디 하라

야고보는 '말하기'보다 '성내기'를 뒤에 둡니다. 메시지성경이 이 부분을 아주 잘 풀이합니다. "귀를 앞세우고, 혀가 뒤따르게 하고, 분노는 한참 뒤처지게 하라." 이것이 그리스도인 언어생활의 바람직한 순서입니다. 그런데 실제로는 어떻습니까? 이 순서와는 정반대로 합니다.

먼저 벌컥 화를 내고, 자기 말을 마구 내뱉다가, 어느 정도 화가 풀리면 그제야 상대방의 이야기를 들어보자고 합니다. 그러면 제대로 대화를 할 수가 없습니다. 관계만 점점 더 멀어집니다. 바른 순서는 상대방의 이야기를 먼저 듣고, 그다음에 자기 이야기를 하고, 분노는 한참 뒤에 두는 것입니다. 그렇게 한다면 성내는 일이 거의 없어지겠지요.

잠언에는 언어생활에 대한 말씀들이 참 많이 기록되어 있습니다. "말이 많으면 허물을 면하기 어려우나 그 입술을 제어하는 자는 지혜가 있느니라"(잠 1:19).

"네가 말이 조급한 사람을 보느냐. 그보다 미련한 자에게 오히려 희망이 있느니라"(잠 29:20).

말이 많은 사람, 말이 조급한 사람은 작은 일에도 쉽게 화를 냅니다. 성내는 것은 '의분義憤'과 구분되어야 합니다. 성내는 것은 자기의 사사로운 감정에서부터 나옵니다. 말로는 상대방을 위해서라고 하지만, 실제로는 자기 분에 못 이겨서 화내는 경우가 대부분입니다. 정말 상대방을 위해서라면 그렇게 시작하면 안 됩니다. 상대방의 이야기를 듣는 것부터 시작해야 합니다.

야고보는 분명하게 말합니다. "사람이 성내는 것이 하나님의 의를 이루지 못한다"(20절). "사람이 화내는 것으로는 하나님의 의를 자라게 할 수 없습니다"(메시지). 온유한 사람이라고 불리는 모세도 두 번씩이나 화를 냈습니다. 두 번 모두 자기 자신을 위해서가 아니었습니다. 하나님을 위해서 그랬습니다. 진정한 의미에서 의분입니다. 그러나 좋은 결과를 만들지는 못했습니다.

우리 그리스도인은 하나님의 의를 이루도록 부름을 받은 사람입니다. 성내는 것으로는 하나님의 의를 이룰 수 없습니다. 성내는 일은 제일 마지막에 두고, 가능하면 건드리지 않는 것이 좋습니다. 하나님의 의를 이루려면 언어생활을 잘해야 합니다. 무엇보다 잘 듣는 사람이 되어야 합니다. 듣는 것은 빨리 하고, 말하는 것은 천천히 해야 합니다. 그러면 성내는 일이 점점 줄어들 것입니다. 그런 사람들을 통해서 하나님의 의가 이루어지는 것입니다.

성경이 가르쳐주시는 언어생활에 따라서 살아감으로 하나님의 의를 이루어가는 우리 가정이 되기를 간절히 소망합니다.

□ 은혜 나누기
나는 다른 사람의 말을 얼마나 잘 들어주고 있는지 함께 나누어봅시다.
□ 공동 기도
하나님 아버지, 우리 가정은 서로의 말에 귀를 기울이고 잘 들어주는 그런 가정이 되게 해주세요. 그리하여 하나님이 기뻐하시는 바른 모습으로 살아갈 수 있게 해주세요.

3월 2주   겸손하게 말씀 받기

□ **주님의 기도** 주님이 가르쳐주신 기도로 가정예배를 시작합니다.

□ **찬송 부르기** 200장(달고 오묘한 그 말씀)

□ **성경 읽기** 야고보서 1:21

　※ 개역개정판

　²¹그러므로 모든 더러운 것과 넘치는 악을 내버리고 너희 영혼을 능히 구원할
바 마음에 심어진 말씀을 온유함으로 받으라.

　※ 메시지성경

　²¹그 모든 악덕과 암과 같은 악을 쓰레기통에 던져 버리십시오. 그저 마음을
겸손하게 하여, 우리의 정원사이신 하나님께서 여러분을 말씀으로 조경하셔
서, 여러분의 삶을 구원의 정원으로 만드시게 하십시오.

□ **말씀 나누기**

　지난 시간에 우리는 그리스도인의 언어생활에 대해서 묵상했습니
다. 귀를 앞세우고, 혀가 뒤따르게 하고, 분노는 한참 뒤에 남겨두는
순서가 중요하다고 했습니다. 계속해서 야고보는 '말씀을 받는 일'에
대해서 이야기합니다.

　악을 내버리라

　말씀을 잘 듣는 사람들이 또한 말씀을 잘 받아들입니다. 학교에서

수업 시간에 선생님의 말씀을 잘 듣는 학생들이 나중에 시험도 잘 치게 되지요. 마찬가지로 하나님의 말씀도 잘 듣는 사람들이 잘 받아들이기도 합니다. 그런데 잘 듣기 위해서는 우선 '모든 더러운 것과 넘치는 악을 내버리는 일'이 필요하다고 야고보는 말합니다.

여기에서 우리말 '더러운 것'으로 번역된 헬라어 '루파리아'(ρυπαρία, rhuparia)는 본래 '귓구멍 속에 낀 귀지'를 뜻하는 단어에서 파생되었다고 합니다. 그것이 귀를 꽉 막고 있으면 말소리가 잘 들리지 않지요. 하나님의 말씀도 마찬가지입니다. 말씀이 잘 들리지 않는다면 내 귀 속에 들어있는 '더러운 것'을 먼저 의심해보아야 합니다.

이것을 NIV 성경은 '쓰레기 같은 도덕all moral filth'으로, 메시지성경은 '오염된 덕목all spoiled virtue'으로 표현합니다. 다시 말해서 깨끗하지 못한 죄악으로 오염된 잘못된 생각들이나 도덕 윤리들이 하나님의 말씀을 제대로 듣지 못하게 방해하고 있다는 것입니다. 그것을 깨끗하게 청소해내야 합니다.

'넘치는 악'은 유행처럼 '널리 퍼진prevalent 악'을 의미합니다. 메시지성경은 '암과 같은 악cancerous evil'이라고 표현합니다. 암세포가 전이되어 몸에 마구 번지듯이 그렇게 악이 번지는 것을 말합니다. 그런 악들을 제거하지 않고서는 말씀이 제대로 들리지 않는다는 것이지요. 따라서 거룩한 하나님의 말씀을 잘 받으려면 무엇보다 먼저 마음을 지저분하게 만들고 마음의 귀를 틀어막고 있는 더러운 죄악들을 다 털어내야만 합니다. 그런데 어떻게 그럴 수 있을까요?

야고보는 "내버리라"고 말합니다. 이 말은 본래 "옷을 벗는다"는 뜻입니다. 그러니까 마치 더러운 옷을 벗어버리듯 훌훌 털어버리라는 것입니다. 더러운 것과 넘치는 악이 가득 차 있어서 도저히 회복이 불가능해 보일 것 같아도 벗어버리기만 하면 의외로 쉽게 회복됩니다.

메시지성경은 "쓰레기통에 던져버리라"고 표현합니다. 쓰레기로 생각하고 버리면 됩니다. 문제는 그것을 쓰레기로 생각하지 않는다는 것입니다. 아깝다고 생각하니까 버리지 못하는 것이지요.

말씀을 받으라

그렇게 비우고 난 후에는 채우는 것이 따라야 합니다. 깨끗하게 비운 마음에 무엇으로 채워야 하겠습니까? 하나님의 말씀으로 채워야 합니다. 그런데 하나님의 말씀을 잘 담기 위해서는 마음에 온유함이 있어야 합니다. 온유하고 겸손한 마음으로 말씀을 받아야 채워지기 때문입니다.

온유한 마음을 '갈아엎어진 마음'에 비유할 수 있습니다. 말씀은 마치 씨앗과 같아서 잘 갈아엎어진 부드러운 흙에 잘 받아들여질 수 있기 때문입니다. 그래서 NIV 성경은 "네 안에 심어진 말씀을 겸손히 받으라"(humbly accept the word planted in you)고 표현합니다. 말씀을 받는 것은 곧 마음에 씨앗을 심는 것과 같다는 뜻이지요.

온유한 마음은 '네 종류의 밭의 비유'(막 4:1-9)에서 잘 갈아엎은 좋은 땅과 같습니다. 그 땅에 뿌려진 씨앗은 잘 자라납니다. 그러나 길가나 돌밭, 가시덤불과 같은 마음에 떨어진 말씀은 잘 자랄 수 없습니다. 아무리 위대한 설교가의 말씀을 들었다고 하더라도 갈아엎지 않은 마음의 상태에서는 자라지 않습니다. 예수님을 보십시오. 예수님과 같은 위대한 설교가가 어디에 있습니까? 그러나 예수님의 말씀을 직접 듣고도 변화되지 않고 오히려 대적한 사람들이 또한 얼마나 많이 있었습니까? 말씀에 문제가 있어서가 아닙니다. 밭에 문제가 있기 때문입니다.

메시지성경은 하나님을 정원사로 비유하여 설명합니다. "우리의 정원사이신 하나님께서 여러분을 말씀으로 조경하셔서, 여러분의 삶을 구원의 정원으로 만드시게 하십시오." 우리 인생을 가장 아름답게 만드실 수 있는 분이 누구십니까? 하나님이십니다. 하나님은 천지를 창조하신 분입니다. 에덴동산을 창설하신 분입니다. 가장 아름답게 만드실 수 있는 정원사이십니다. 그분이 우리의 삶을 조경할 수 있도록 맡겨드리는 것이 믿음의 지혜입니다.

하나님은 우리의 삶을 말씀으로 가꾸십니다. 따라서 말씀에 찔림을 받는다면 회개하세요. 말씀에 감동이 있다면 감사하세요. 말씀에 도전받는다면 그대로 한번 살아보세요. 그렇게 조금씩 다듬어지다 보면 언젠가 우리의 삶이 '구원의 정원'으로 아름답게 바뀌어 있는 것을 보게 될 것입니다.

올 한 해 동안 가정예배를 통해서 하나님의 말씀을 겸손히 받아들이는 일에 힘쓰는 우리 가정이 되기를 간절히 소망합니다.

□ 은혜 나누기
나의 마음 밭은 지금 어떤 상태에 있다고 생각하는지 함께 나누어봅시다.
□ 공동 기도
하나님 아버지, 우리 가정을 하나님께 내어드립니다. 말씀으로 우리 마음 밭을 갈아엎으셔서 하나님 보시기에 아름다운 가정으로 만들어 주세요.

3월 3주 자신을 속이는 사람

□ 주님의 기도 주님이 가르쳐주신 기도로 가정예배를 시작합니다.

□ 찬송 부르기 279장(인애하신 구세주여)

□ 성경 읽기 야고보서 1:22

※ 개역개정판

²²너희는 말씀을 행하는 자가 되고 듣기만 하여 자신을 속이는 자가 되지
말라.

※ 메시지성경

²²말씀을 한 귀로 듣고 다른 귀로 흘려보내면서도, 자신은 말씀을 듣는 사람이
라고 스스로 속이는 일이 없게 하십시오.

□ 말씀 나누기

지난 시간에 우리는 "말씀을 온유함으로 받으라"(21절)는 말씀을
묵상했습니다. 신앙생활에 있어서 가장 우선되어야 할 일은 하나님의
말씀을 잘 듣고 겸손하게 받아들이는 것입니다. 먼저 하나님의 말씀
을 듣지 않으면서, 하나님의 말씀을 마음속에 받아들이지 않으면서
어떻게 하나님의 뜻을 분별할 수 있겠습니까?

그런데 말씀을 듣는다는 것은 그 말씀대로 살아가는 것을 전제합
니다. 히브리 사고방식에 의하면 '들음'은 곧 '행함'을 의미합니다. 우
리말 '청종聽從'이 그 두 가지 의미를 모두 담고 있습니다. 순종하지 않

으면서 말씀을 잘 듣는다는 것은 히브리적인 사고방식에 따르면 말도 안 되는 일입니다.

자신을 속이는 자

앞에서 야고보는 "듣기를 속히 하라"(19절)고 했습니다. 그러나 야고보는 이 편지의 독자들이 듣기만을 좋아하고 행하지는 않는다는 사실을 잘 알고 있었습니다. 그래서 오늘 본문에서 "너희는 말씀을 행하는 자가 되고 듣기만 하여 자신을 속이는 자가 되지 말라"(22절)고 덧붙여놓은 것입니다.

말씀을 잘 들어야 하지만 듣는 것에 머물러 있으면 안 됩니다. 듣는다고 하는 것은 행하기 위한 첫 번째 과정입니다. 행하기 위해서 먼저 말씀을 듣는 것입니다. 그런데 말씀을 듣고 거기서 그친다면 사실 말씀을 잘 들어야 할 이유도 없습니다. 하나님의 모든 말씀은 그대로 살라고 주시는 것이기 때문입니다.

야고보는 말씀을 듣는 것만 좋아하는 사람들을 가리켜서 '자신을 속이는 자'라고 말합니다. 알면서도 지키지 않는 사람, 자신이 해야 할 일이 무엇인지 배우고 난 후에도 행하지 않는 사람은 모두 자신을 속이는 사람입니다. 생각해보십시오. 만일 다른 사람들이 나를 속인다는 사실을 알게 되었다면 어떻게 하겠습니까? 펄펄 뛰면서 화를 내지 않겠습니까? "어떻게 나를 속이려고 하느냐!"고 하면서 말입니다.

그런데 야고보는 말합니다. 나를 가장 많이 속인 최대의 사기꾼은 다른 사람이 아니라 바로 '나 자신'이라고 말입니다. 말씀을 듣기는 했지만 그 말씀대로 살지 않는 내가 바로 나를 속인 그 사기꾼이라는 것입니다. 그렇다면 그 사기꾼을 가만두어서는 안 됩니다. 나 자신에 대해서 크게 분개하는 마음이 있어야 합니다. 그런데 그러지 않지요.

말씀을 듣는데 왜 삶에 변화가 일어나지 않을까요? 교회를 그렇게 오랫동안 다녔는데 왜 달라진 것이 없을까요? 듣는 것 따로, 사는 것 따로이기 때문입니다. 예배 시간에 말씀을 들었다고 자연스럽게 새로운 생활방식으로 살게 되는 것은 아닙니다. 말씀대로 살아가는 의도적인 실천이 따르지 않는다면 그 어떤 변화도 일어나지 않습니다.

믿음의 신용불량자

오늘 본문을 메시지성경으로 읽으면 그 의미가 더욱 분명해집니다. "말씀을 한 귀로 듣고 다른 귀로 흘려보내면서도, 자신은 말씀을 듣는 사람이라고 스스로 속이는 일이 없게 하십시오." 정말 그렇습니다. 한 귀로 듣고 다른 귀로 흘려보내고도 말씀을 들었다고 할 수 있을까요? 들었으면 무언가 귀에 걸리는 것이 있어야 하지 않겠습니까?

하나라도 남는 것이 있어야 합니다. 말씀이 자꾸 마음에 생각이 나고, 그 말씀을 삶 속에 적용해보고 그렇게 살아볼 때에 진정 "말씀을 들었다"고 할 수 있는 것입니다. 들은 말씀과 상관없이 살아가면서 "나는 말씀을 듣는 사람이야!"라고 자랑할 수는 없습니다. 말씀대로 살지 않으면서 "이만하면 됐어!" 한다면 그것이 바로 자신을 속이는 일입니다.

우리는 흔히 예배 시간에 말씀을 듣거나 기도할 때에 '아멘!'으로 반응합니다. 그런데 말씀에 '아멘!' 했으면 정말 그렇게 살아야 합니다. 기도에 '아멘!' 했으면 기도한 대로 살아야 합니다. 찬송하는 것도 마찬가지입니다. 그렇게 살지도 않으면서 아무 영혼 없이 '아멘!'을 외치는 사람들은 부도수표를 마구 발행하는 악성 신용불량자입니다. 자신을 속이고 하나님을 속이고 있는 겁니다. 그래서 신앙과 생활의 불균형과 부조화가 나타나는 것입니다.

말씀을 듣고도 삶에 변화가 없는 것은 말씀에 능력이 없기 때문이 아닙니다. 말씀을 많이 듣지 못해서도 아닙니다. 말씀을 듣고 행하는 청종聽從이 없기 때문입니다. 그래서 예수님은 말씀하셨습니다. "하나님의 말씀을 듣고 지키는 자가 복이 있느니라"(눅 11:28). 우리에게 필요한 것은 새로운 설교가 아니라 말씀대로 살아갈 새로운 마음입니다.

"듣기만 하고 행함이 없는 사람은 스스로를 속이는 자다!"라는 말씀에 우리는 큰 도전을 받아야 합니다. 이 말씀으로 신앙과 생활의 불균형의 문제를 치료하기 시작해야 합니다. 믿는다고 고백했다면 그대로 살아보아야 합니다. 경건의 모양만으로 자신을 속이는 자가 되지 말고 경건의 능력으로 열매 맺는 그런 그리스도인이 되어야 합니다.

우리 가정에서부터 이와 같은 실천이 시작되면 좋겠습니다. 말씀이 육신이 되신 주님처럼, 말씀이 삶이 되는 놀라운 역사가 우리에게도 나타나기를 간절히 소망합니다.

□ 은혜 나누기

나는 듣기만 하는 사람입니까? 아니면 들은 대로 실천하는 사람입니까?

□ 공동 기도

하나님 아버지, 우리 가족은 하나님의 말씀을 잘 듣는 사람이 되게 해주세요. 그 뿐만 아니라 말씀을 들은 대로 즉시 실천하면서 살아가는 신용 있는 사람이 되게 해주세요.

3월 4주

거울만 보는 사람

□ **주님의 기도** 주님이 가르쳐주신 기도로 가정예배를 시작합니다.
□ **찬송 부르기** 203장(하나님의 말씀은)
□ **성경 읽기** 야고보서 1:23~24

※ 개역개정판

²³누구든지 말씀을 듣고 행하지 아니하면 그는 거울로 자기의 생긴 얼굴을 보는 사람과 같아서 ²⁴제 자신을 보고 가서 그 모습이 어떠했는지를 곧 잊어버리거니와….

※ 메시지성경

²³⁻²⁴듣고도 행하지 않는 사람은, 거울을 흘끗 들여다보고 떠나가서는, 금세 자기가 누구이며 어떻게 생겼는지 전혀 알지 못하는 사람과 같습니다.

□ **말씀 나누기**

이런 우스갯소리가 있습니다. 어머니의 말을 잘 듣는 착한 아들이 있었습니다. 하루는 심부름을 시키려고 아들을 불렀습니다. "애야, 너 시장에 좀 다녀와야겠다." 그 말이 끝나기가 무섭게, "예, 어머니!" 하더니 쏜살같이 시장에 달려갔다가 왔습니다. 그러면서 "어머니, 시장에 다녀왔습니다!" 하더랍니다. 무엇이 문제입니까? 순종은 잘했는데, 어머니의 말씀을 먼저 귀담아 잘 듣지는 못했습니다. 그러니 헛수고한 것입니다.

그 반대의 사람들도 있습니다. 잘 듣기는 하는데 그대로 행하지 않는 사람들입니다. 앞의 예로 이야기하면 이렇습니다. 어머니가 아들에게 "시장에 가서 이것, 저것 사서 오라"고 그랬습니다. 아들은 어머니가 사오라고 하는 것들을 잘 적어들고 시장으로 갑니다. 그런데 어머니가 시킨 심부름은 하지 않고, 자기가 먹고 싶은 것만 실컷 사먹고 옵니다. 무엇이 문제입니까? 잘 듣기는 했는데 순종하지 않은 것이지요.

야고보는 말씀을 듣고서도 행하지 않는 사람을 가리켜서 '거울만 보는 사람'이라고 말합니다.

거울을 흘끗 보지 말라

야고보 당시의 거울은 유리가 아니라 동이나 철로 제작된 것이어서, 거기에 비춰지는 상이 그리 또렷하지는 않았습니다. 그래서 고린도전서 13장에서 바울은 "우리가 지금은 거울로 보는 것 같이 희미하나 그 때에는 얼굴과 얼굴을 대하여 볼 것이요…"(고전 13:12)라고 말합니다. 거울로 비추어 본다고 확실하게 자신의 얼굴을 볼 수는 없습니다.

그러나 아무리 희미하게 보이더라도 신경 써서 잘 보면 얼굴에 묻은 시커먼 검정을 볼 수는 있습니다. 헝클어진 머리를 볼 수도 있습니다. 검정을 보았으면 세수를 하고 깨끗하게 씻어야지요. 헝클어진 머리를 보았다면 빗으로 잘 다듬어야지요. 그런데 거울에 얼굴을 비춰보고서는 즉시 그 모습이 어떠했는지 잊어버리고 산다는 겁니다. 그렇다면 왜 거울을 봅니까? 거울을 보는 의미가 없지요.

이 부분을 메시지성경은 "듣고도 행하지 않는 사람은, 거울을 흘끗 들여다보고 떠나가서는, 금세 자기가 누구이며 어떻게 생겼는지 전혀 알지 못하는 사람과 같습니다"라고 풀이합니다.

말씀을 듣는다는 것은 말씀의 거울에 우리의 모습을 비추어보는 것과 같습니다. 내가 어떤 모습으로 살아가는지, 내 삶에 세상의 더러운 때가 끼지는 않았는지, 씻어내고 고쳐야 할 부분은 없는지, 말씀을 통해서 우리 자신을 점검하는 것입니다. 기왕에 점검하려면 자세히 들여다보아야 합니다. 한 번 흘끗 쳐다보고 마니까 금세 잊어버리는 것이지요.

거울을 잘 살펴보라

또한 말씀의 거울을 들여다보는 것은, 말씀을 통해서 우리를 향한 하나님의 뜻을 발견할 수 있기 때문입니다. 우리가 어디에서 왔는지, 지금 어디에 서 있는지, 어디를 향해 가야 하는지, 어떻게 살아가야 하는지, 하나님의 말씀에 모두 계시되어 있습니다. 우리가 늘 하나님의 말씀을 가까이하려고 애쓰는 이유가 여기에 있습니다.

그런데 말씀을 듣고 잘 공부하여 그 말씀을 통해서 하나님의 뜻을 발견했다고 해도, 그것과 전혀 상관없이 살아간다면 어떻게 되겠습니까? 새로운 길을 발견했다면 그 길을 따라서 살아가야지, 옛날부터 해오던 방식을 그대로 고집한다면 아무 소용없지요. 말씀을 듣고 행하지 않는 것이 바로 그와 같다는 겁니다.

사실 하나님의 말씀은 삶으로 부딪치며 직접 체험해보아야 비로소 그 말씀의 진수를 맛보아 알 수 있습니다. TV에서는 다이어트 프로그램으로 요가나 에어로빅 같은 것을 보여줍니다. 그것을 보고 집에서도 따라하라는 것이지요. 그런데 사람들은 TV 앞에 앉아서 온갖 불량식품을 쌓아놓고 먹으면서 그냥 눈으로 보기만 합니다. 그렇다면 그 좋은 프로그램이 무슨 소용이 있겠습니까?

하나님의 말씀도 마찬가지입니다. 하나님의 말씀은 머리에 지식으로 쌓아두라고 주시지 않았습니다. 눈요깃거리로 주시지 않았습니다. 그대로 살아보라고 주신 것입니다. "깊은 데로 가서 그물을 내리라!" 말씀하시면 그 말씀대로 순종하여 깊은 데로 가서 그물을 내리는 겁니다. 그럴 때에 왜 주님께서 그렇게 말씀하셨는지 그 이유를 알게 됩니다. "내가 네게 지시할 땅으로 가라!" 말씀하시면 보따리 싸들고 순종하여 떠나가는 겁니다. 그래야 하나님이 지시할 땅이 어디인지, 왜 그곳으로 가라고 하셨는지 알게 됩니다. 복음의 비밀은 들은 말씀대로 살아갈 때에 체험되고 발견되는 것입니다.

이론적인 믿음, 머리로만 아는 말씀은 아무런 능력이 없습니다. 창백한 지식에 불과합니다. 아무리 좋은 말씀이라도 말씀대로 살지 않으면 그 말씀이 우리를 결코 변화시키지 못합니다. 말씀이 육신이 되어야 합니다. 그래야 능력이 나타납니다. 그럴듯한 말이 아니라, 삶의 실천이 사람을 변화시키고 세상을 구원하는 것입니다.

오늘부터 말씀의 거울 앞에 가능하면 오래오래 서서 우리의 모습도 살피고, 하나님의 뜻도 발견합시다. 그리고 그 말씀대로 살아봅시다. 그렇게 복음의 능력을 체험하는 우리 가정이 되기를 소망합니다.

▫ 은혜 나누기
지난 주일 설교 말씀 중에 기억나는 것이 있다면 함께 나누어봅시다.
▫ 공동 기도
하나님 아버지, 그동안 귀로만 들었던 말씀, 머리에만 담아놓았던 말씀을 이제는 우리의 삶에 적용하며 살아갈 수 있도록 도와주세요.

3월 5주 복 받는 사람

□ **주님의 기도** 주님이 가르쳐주신 기도로 가정예배를 시작합니다.

□ **찬송 부르기** 429장(세상 모든 풍파 너를 흔들어)

□ **성경 읽기** 야고보서 1:25

　　※ 개역개정판

25자유롭게 하는 온전한 율법을 들여다보고 있는 자는 듣고 잊어버리는 자가 아니요 실천하는 자니 이 사람은 그 행하는 일에 복을 받으리라.

　　※ 표준새번역

25그러나 완전한 율법 곧 자유를 주는 율법을 잘 살피고 끊임없이 그대로 사는 사람은, 율법을 듣고서 잊어버리는 사람이 아니라, 그것을 실행하는 사람인 것입니다. 이런 사람은 그가 행한 일에 복을 받을 것입니다.

□ **말씀 나누기**

　　지난 시간에 우리는 "말씀을 듣고 행하지 않는 사람은 마치 거울로 자기 얼굴을 보고 금세 잊어버리는 사람과 같다"(24절)는 말씀을 묵상했습니다. 거울에 자신의 모습을 비추어보는 이유는 잘못된 부분을 바로잡기 위해서입니다. 신앙생활도 마찬가지입니다. 형식적으로 신앙생활 하는 사람은 말씀을 듣고 깨달은 대로 살아가지 않습니다. 그래서 신앙의 연륜이 쌓여도 삶의 변화가 나타나지 않는 것입니다.

자유롭게 하는 율법

율법에 대한 사람들의 가장 큰 오해는, 율법이 자유를 제한한다고 생각하는 것입니다. 사람들은 "교회에 다니면 하고 싶은 것을 하지 못한다"는 이유로 신앙생활을 주저합니다. 교회를 다니기는 하지만 자유를 속박당한다고 느끼는 분들도 많이 있습니다. 주일에 자유롭게 놀러 다닐 수 없으니 속박이요, 술, 담배 자유롭게 할 수 없으니 속박이라고 할 수 있을 겁니다.

그런데 정말 그럴까요? 정말 하나님의 말씀은 사람을 속박하고 꼼짝 못 하게 얽어매는 것일까요? 그렇지 않습니다. 야고보는 오늘 본문에서 하나님의 말씀은 "자유롭게 하는 온전한 율법"(the perfect law that gives freedom)이라고 선언합니다. 하나님 말씀대로 살아가면 참다운 자유를 맛보게 됩니다. 그런데 왜 사람들은 거꾸로 생각하는 것일까요?

왜냐하면 사람들은 무엇이든지 자신이 하고 싶은 대로 할 수 있는 것을 '자유'라고 생각하기 때문입니다. 천만의 말씀입니다. 그것은 자유가 아니라 방종放縱입니다. 방종은 다른 사람들의 자유를 빼앗고 결국 자신도 죄의 노예가 되게 합니다. 다른 사람도 자유롭게 살지 못하게 하고 자신도 자유를 빼앗기게 될 뿐입니다.

아담과 하와가 에덴동산에서 범한 실수가 바로 그것입니다. 뱀은 끈질기게 하나님의 명령을 거역하도록 부추겼습니다. 선악과를 먹으면 하나님처럼 될 수 있다고 속였습니다. "네 인생의 주인은 너 자신인데, 하나님이 먹지 말라고 그랬다고 왜 너의 자유를 마음껏 행사하지 못하느냐?"고 꼬였습니다. 아담과 하와는 하나님처럼 마음껏 살 수 있다는 이야기에 매력을 느끼고 그만 그 꼬임에 넘어갔습니다.

그래서 어떻게 되었습니까? 뱀의 말처럼 자유로워졌습니까? 아닙니다. 오히려 죄의 노예가 되고 말았습니다. 그들은 하나님의 낯을 피해서 동산 나무 그늘 속으로 숨어들어 갔습니다. 진정한 자유는 하나님 안에서 누리는 것이어야 합니다. 하나님의 말씀 안에서 순종하며 살아갈 때에 그 자유를 누리게 되는 것입니다.

하나님의 말씀과 상관없는 자유는 없습니다(요 8:31-32). 하나님 밖에서 누리는 자유는 겉포장만 자유입니다. 그 속에는 무서운 죄의 덫이 숨어있습니다. 자기 마음대로 산다고 자유롭게 되는 것은 아닙니다. 오히려 열등의식의 노예, 상처의 노예, 나쁜 습관의 노예가 되어버립니다.

율법을 즐거워하는 자

오늘 본문에서 우리가 주목해야 할 부분이 있습니다. '온전한 율법을 들여다보고 있는 자'라는 표현입니다. "들여다보고 있다"는 말은 "주의를 집중하여 골똘하게 살펴본다"(looks intently into, NIV)는 뜻입니다. 앞에서 야고보는 "듣고도 행하지 않는 사람은 거울을 흘끗 들여다보는 사람과 같다"(23절)고 말했는데, 그것과 정반대의 모습입니다.

그렇습니다. 하나님의 말씀에 집중하여 묵상하는 사람이 하나님의 말씀을 또한 실천할 수 있습니다. 대충대충 읽고 지나가니까 금방 잊어버리고 말씀과 상관없이 살아가게 되는 것이지요.

오늘 말씀의 결론은 이것입니다. "이 사람은 그 행하는 일에 복을 받으리라." 여기에서 '이 사람'은 물론 하나님의 말씀을 듣고 그대로 실천하는 사람입니다. '알고 있는 일'이나 '들은 일'이 아니라, '그 행하는 일'에 복을 받습니다. 이 사람이 받을 복은 과연 어떤 것일까요? 시편 1편에서 그 답을 찾을 수 있습니다.

¹복 있는 사람은 악인들의 꾀를 따르지 아니하며 죄인들의 길에 서지 아니하

며 오만한 자들의 자리에 앉지 아니하고 ^{2}오직 여호와의 율법을 즐거워하여 그의 율법을 주야로 묵상하는도다. ^{3}그는 시냇가에 심은 나무가 철을 따라 열매를 맺으며 그 잎사귀가 마르지 아니함 같으니 그가 하는 모든 일이 다 형통하리로다"(시 1:1-3).

악인들의 꾀는 하나님 없는 '자유'를 부추깁니다. 그것을 따라가는 자들은 망하게 되어 있습니다. 그러나 의인들은 여호와의 율법을 즐거워하여 그것을 주야로 묵상합니다. '묵상'은 단지 생각한다는 뜻이 아닙니다. 그 말씀대로 살아간다는 뜻입니다. 그런 사람들이 받는 복은, '시냇가에 심은 나무의 복'입니다. 생명수에 접촉하고 있는 나무는 철을 따라 열매를 맺고, 잎사귀가 마르지 않고, 하는 모든 일이 다 형통합니다.

말씀을 많이 아는 것보다, 아는 말씀 하나라도 붙잡고 끝까지 실천하는 것이 더 중요합니다. 우리 가족들은 모두 그렇게 복을 받는 자로 살아가기를 간절히 소망합니다.

□ 은혜 나누기
어떤 경우에 나는 하나님의 속박을 받는다고 생각하는지 함께 나눠봅시다.
□ 공동 기도
하나님 아버지, 우리 가정은 하나님 안에서 누리는 자유를 맛보기를 원합니다. 언제나 말씀에 집중하고 또한 말씀 묵상을 즐거워함으로써 하나님이 약속하신 복을 누리게 해주세요.

행함이 따르는 믿음
(4~6월)

참된 경건

□ 주님의 기도 주님이 가르쳐주신 기도로 가정예배를 시작합니다.

□ 찬송 부르기 420장(너 성결키 위해)

□ 성경 읽기 야고보서 1:26-27

※ 개역개정판

²⁶누구든지 스스로 경건하다 생각하며 자기 혀를 재갈 물리지 아니하고 자기 마음을 속이면 이 사람의 경건은 헛것이라. ²⁷하나님 아버지 앞에서 정결하고 더러움이 없는 경건은 곧 고아와 과부를 그 환난 중에 돌보고 또 자기를 지켜 세속에 물들지 아니하는 그것이니라.

※ 메시지성경

²⁶⁻²⁷그럴듯한 말로 경건한 척하는 사람은 자기를 속이는 자입니다. 그러한 경건은 자기 자랑이자 허풍일 뿐입니다. 하나님 아버지 앞에서 인정받는 참된 경건은, 어려움을 겪는 집 없는 사람과 사랑받지 못하는 사람들을 보살피고, 하나님을 모르는 세상에 오염되지 않도록 조심하는 것입니다.

□ 말씀 나누기

스스로 신앙의 열정이 있고 믿음이 좋다는 그리스도인들이 오히려 사회적으로 문제를 일으키고 세상 사람들로 하여금 교회에 대해서 악감정을 가지게 하는 모습을 종종 목격하게 됩니다. 그럴 때마다 우리는 스스로에게 묻지 않을 수 없습니다. 도대체 믿음이 좋다고 하는 것이 무엇일까요? 오늘 본문에서 야고보는 '참된 경건'에 대해서 이야기합니다.

헛된 경건

야고보는 말합니다. "누구든지 스스로 경건하다 생각하며 자기 혀를 재갈 물리지 아니하고 자기 마음을 속이면 이 사람의 경건은 헛것이라"(26절). 여기에서 '경건하다'는 말은 '종교적religious'이라는 뜻입니다. 이것을 '믿음이 좋다'는 말로 바꿀 수도 있을 겁니다. 야고보는 스스로 믿음이 좋다고 하면서 아무런 생각 없이 말을 함부로 내뱉는다면 그것은 곧 자기를 속이는 일이라고 말합니다.

그것은 결코 믿음이 좋은 것이 아닙니다. 만일 그것을 믿음이라고 한다면 그런 믿음은 아무짝에도 쓸모가 없는 헛것에 불과합니다. 그런데 뜻밖에도 스스로 경건하다고 생각하는 많은 사람들이 이 함정에 쉽게 빠지는 것을 봅니다. 이 부분을 메시지성경은 "그럴듯한 말로 경건한 척하는 사람은 자기를 속이는 자입니다. 그러한 경건은 자기 자랑이자 허풍일 뿐입니다"라고 번역합니다.

경건은 하나님에 대한 신앙을 자신의 삶으로 풀어서 나타내 보이는 성도의 신앙고백입니다. 단지 몇 마디 말로 경건을 보일 수는 없는 일입니다. 그런데 실제로는 그렇게 생각하는 사람들이 많이 있습니다. 하나님에게, 또는 사람들에게 그럴듯한 몇 마디 말로 '립 서비스lip-service'를 하면 얼마든지 자신의 경건을 증명할 수 있다고 생각합니다. 아닙니다. 그것은 자기 자신과 다른 사람과 하나님을 속이는 일입니다.

참된 경건

그렇다면 야고보는 무엇을 참된 경건이라고 말하고 있습니까? "하나님 아버지 앞에서 정결하고 더러움이 없는 경건은 곧 고아와 과부를 그 환난 중에 돌보고 또 자기를 지켜 세속에 물들지 아니하는 그것이니라"(27절).

참된 경건은 '하나님 앞에서'부터 출발합니다. '하나님 앞에서'를 라틴어로 '코람데오Coram Deo'라고 합니다. 사람 앞에서 단지 사람들이 볼 때에만 보여주는 경건은 참된 경건이 아닙니다. 참된 경건은 보이지 않는 하나님 앞에서 삼가 조심하는 태도를 가지고 언제나 옷깃을 여미며 살아가는 삶입니다. 보이지는 않지만 하나님 앞에 서있다는 자의식을 가지고 말하고 생각하고 행동하는 것이 참된 경건입니다.

또한 참된 경건은 '정결하고 더러움이 없어야pure and faultless'합니다. 아무리 거룩한 행동을 한다고 하더라도 만일 마음속으로 다른 계산을 하고 있다면 그것은 순수하고 흠 없는 경건이 아닙니다. 예를 들어 어느 목사님이 자신을 '40일 금식기도를 4회 달성한 능력의 종'으로 선전한다고 합시다. 그것은 참된 경건이 아닙니다. 메시지성경의 표현처럼 자기 자랑이자 허풍일 뿐입니다.

한 걸음 더 나아가 야고보는 참된 경건이란 '고아와 과부를 그 환난 중에 돌보는 것'이라고 합니다. 어려움을 겪는 집 없는 사람과 사랑받지 못하는 사람들을 보살피는 실천적인 삶이 참다운 경건이라는 것입니다. 하나님이 인정해 주는 경건은 이론이나 철학의 문제가 아니라 실천과 행동의 문제입니다. 하나님은 세상에서 무시당하며 사는 사람에게 그들의 모습이 어떠하든, 심지어 그들의 종교가 어떠하든, 그들을 하나님의 형상을 가진 사람으로서 귀히 여기며 사랑을 실천하는 것을 참된 경건으로 인정해 주십니다.

마지막으로 참된 경건은 '자기를 지켜 세속에 물들지 않게 하는 것'입니다. 여기에서 '세속世俗'이란 '하나님을 모르는 세상godless world'을 의미합니다. 하나님을 알지 못하고 믿지 않는 세상 사람들은 온갖 모양의 죄를 지으며 자기 욕심 따라 살아갑니다. 세상 속에서 세상 사람들과 함께 살면서도 세속에 물들지 않도록 조심하는 것이 참된 경건이라는 말씀입니다.

　　그런데 세상 사람들보다 오히려 더 큰 욕심을 부리면서 그것을 경건으로 포장하는 그리스도인들이 많이 있습니다. 경건의 목표는 다른 사람보다 더 높아지거나 더 많이 소유하는 것이 아닙니다. 우리 주님처럼 낮아지고 겸손해지고 내려놓고 비우는 삶입니다. 따라서 참으로 성공한 그리스도인은 우리 주님처럼 모두 내어주고 빈손으로 떠나는 사람입니다.

　　하나님은 오늘도 경건한 사람을 찾으십니다. 그들을 사용하여 하나님의 뜻을 이루기를 원하십니다. 우리 가족 모두 하나님 앞에 참된 경건의 모습으로 살아가며 하나님께 기쁨 드리는 주의 자녀들이 되기를 간절히 소망합니다.

▫ 은혜 나누기
세속에 물들지 않기 위해 내가 할 수 있는 일이 무엇인지 함께 나눠봅시다.
▫ 공동 기도
하나님 아버지, 사람들의 눈에 경건하게 보이는 사람이 아니라 하나님 앞에서 인정받는 경건한 사람이 되기를 원합니다. 말이 아니라 삶으로 참된 경건을 보일 수 있도록 우리를 붙들어주세요.

4월 2주 **사람 차별에 대하여**

□ 주님의 기도 주님이 가르쳐주신 기도로 가정예배를 시작합니다.
□ 찬송 부르기 197장(은혜가 풍성한 하나님은)
□ 성경 읽기 야고보서 2:1

※ 개역개정판

¹내 형제들아 영광의 주 곧 우리 주 예수 그리스도에 대한 믿음을 너희가 가졌으니 사람을 차별하여 대하지 말라.

※ 표준새번역

¹나의 형제자매 여러분, 여러분은 영광의 우리 주 예수 그리스도를 믿고 있으니, 사람을 차별하여 대하지 마십시오.

□ 말씀 나누기

사람을 차별하는 것은 인류가 생겨난 이후에 지금까지 끊임없이 계속되어오던 악한 관행이었습니다. 남녀의 성차별로부터 시작하여 지역 차별, 세대 차별, 종교 차별, 빈부 차별, 인종 차별, 사상 차별, 장애인 차별, 외모 차별 그리고 학력 차별에 이르기까지 온갖 차별이 사람들 사이를 갈라놓았습니다.

하나님의 본래 의도는 그런 것이 아니었습니다. 서로 다르지만 다르다는 이유로 차별받지 않는 세상을 원하셨습니다. 그런데 이 세상에 죄가 들어오면서 본래의 평등 관계가 차별 관계와 종속과 지배의 상하관계로 변질되고 말았던 것입니다. 지금까지 인류가 경험하고 있는 모든 차별의 문제는 결국 죄의 문제입니다. 이 죄의 문제를 해결하기 위해서 예수 그리스도께서 이 땅에 오신 것입니다.

차별과 편애

따라서 믿음의 공동체인 교회 안에서는 어떤 이유로도 사람을 차별하는 일이 생겨서는 안 됩니다. 야고보는 말합니다. "내 형제들아, 영광의 주 곧 우리 주 예수 그리스도에 대한 믿음을 너희가 가졌으니 사람을 차별하여 대하지 말라"(1절).

우리말 성경의 "사람을 차별하여 대하지 말라"를 NIV 성경은 "편애를 보이지 말라"(Don't show favoritism)로 풀이합니다. '편애偏愛'란 어느 특정인을 상대적으로 더 좋아하는 행동을 말합니다. 예를 들어 이삭은 에서를 편애했고, 리브가는 야곱을 편애했습니다(창 25:28). 부모가 어느 한 자녀를 편애하기 시작하면 나머지 자녀들은 상대적으로 차별을 받게 되어 있습니다. 그것이 갈등과 불화를 만들어냅니다.

그리스도인은, 가정에서든지 교회에서든지, 어느 특정인을 편애하거나 차별하면 안 됩니다. 무슨 이유로든 한 사람을 다른 사람보다 더 우대하고 높여주거나, 아니면 그 반대로 차별하여 깎아내리는 일을 하면 안 됩니다. 지금은 이와 같은 야고보의 가르침을 당연하게 받아들이는 분위기입니다만, 노예제도가 합법화되어 있던 당시 사회 속에서는 매우 파격적이고 위험한 것이었습니다.

그리스도인다움

그러나 그리스도인들은 어떤 이유로든 사람을 차별하지 말아야 한다는 것이 야고보의 분명한 확신이었습니다. 그 이유에 대해서 야고보는 "영광의 주 우리 주 예수 그리스도에 대한 믿음을 가졌기 때문"이라고 말합니다. 다시 말해서 우리 그리스도인은 예수님을 그리스도로 믿는 사람들이기 때문이라는 것입니다.

사실 차별과 편애를 금지하는 야고보의 가르침은 야고보 자신이 생각해낸 것이 아닙니다. 모두 예수님으로부터 배운 것입니다. 그렇기 때문에 예수 그리스도를 믿는 사람들은 예수님의 가르침에 따라서 살 수밖에 없다는 것이지요.

유대의 기득권층들이 예수님을 죽이려고 그렇게 애썼던 이유도 바로 그 때문입니다. 기존의 사회질서를 무너뜨리는 불순분자로 판단했기 때문입니다. 초대교회가 로마 정부의 박해를 받은 것도 이와 무관하지 않습니다. 생각해 보십시오. 노예를 마음대로 부려먹어야 잘 돌아가게 되어 있는 사회구조 속에서, 주인과 노예가 모두 주님 안에서 한 형제라고 가르치는 기독교를 좋아할 정부 당국자들이 어디에 있겠습니까?

그러나 바로 그것이 그리스도인다운 모습입니다. 어떤 차별도 없는 곳이 믿음의 공동체인 교회입니다. 그래서 기독교 신앙이 사람들에게 복음이 되었습니다. 특히 차별을 당하면서 살아가던 사람들에게 이것이 '기쁜 소식'이 되었습니다. 물론 교회 안에서 차별이 완전히 사라진 것은 아닙니다. 초대교회에서 가장 큰 시험대가 된 차별의 이슈는 바로 이방인 그리스도인에 대한 것이었습니다.

그 문제를 해결하기 위하여 예루살렘공의회가 열렸는데, 그때 주도적인 역할을 한 사람이 바로 야고보였습니다. 그는 말씀 위에 서있던 목회자였습니다. 사람의 생각이나 사회 관습에 따라서 판단하지 않고 오직 말씀에 따라서 판단했습니다. 야고보는 이방인들을 받아들이는 것이 옳다고 강력히 주장합니다(행 15:19-20). 그것은 '말씀'에 근거한 옳은 판단이었습니다.

이방인 출신이라고 해서 복음을 믿고 구원받는 일에 차별대우를 받는 것을 하나님은 결코 허락하지 않으십니다. 그 외의 다른 어떤 이유로도 사람이 다른 사람을 차별하는 것은 하나님의 뜻이 아닙니다. 따라서 예수 그리스도를 믿는 그리스도인이라면 마땅히 그 어떤 이유로도 사람을 차별하는 일을 해서는 안 되는 것입니다.

이 세상은 여전히 어떤 구실을 붙여서라도 사람들을 차별하려고 합니다. 우리는 세상 사람들에게 그리스도인의 구별된 모습을 보여줄 수 있어야 합니다. 그것은 주님이 그러셨듯이 사람을 차별하지 않고 모두 주께 하듯 섬기며 사랑하는 것입니다. 그럴 때 우리는 이 세상을 향한 참된 복음이 될 수 있습니다. 우리 교회와 가정이 세상을 향한 좋은 소식이 될 수 있기를 간절히 소망합니다.

□ 은혜 나누기

가정에서 차별이나 편애를 느낀 적이 있었다면 함께 나누어봅시다.

□ 공동 기도

하나님 아버지, 우리 가정은 차별이나 편애가 없는 곳이 되게 해주세요. 서로를 주께 하듯 진심으로 섬기며 사랑할 수 있게 해주세요. 그리고 학교나 사회 속에서도 주님께 배운 사랑을 실천하며 살게 해주세요.

4월 3주

진짜 부자

▫ 주님의 기도 주님이 가르쳐주신 기도로 가정예배를 시작합니다.

▫ 찬송 부르기 96장(예수님은 누구신가)

▫ 성경 읽기 야고보서 2:2~5

※ 개역개정판

²만일 너희 회당에 금가락지를 끼고 아름다운 옷을 입은 사람이 들어오고 또 남루한 옷을 입은 가난한 사람이 들어올 때에 ³너희가 아름다운 옷을 입은 자를 눈여겨보고 말하되 '여기 좋은 자리에 앉으소서' 하고 또 가난한 자에게 말하되 '너는 거기 서 있든지 내 발등상 아래에 앉으라' 하면 ⁴너희끼리 서로 차별하며 악한 생각으로 판단하는 자가 되는 것이 아니냐? ⁵내 사랑하는 형제들아 들을지어다. 하나님이 세상에서 가난한 자를 택하사 믿음에 부요하게 하시고 또 자기를 사랑하는 자들에게 약속하신 나라를 상속으로 받게 하지 아니하셨느냐.

※ 메시지성경

²⁻⁵어떤 사람이 값비싼 정장 차림을 하고 여러분의 교회에 들어오고, 뒤이어 누더기 옷차림의 노숙자가 들어왔다고 가정해봅시다. 여러분이 정장을 차려 입은 사람에게는 '선생님, 여기 앉으십시오. 이 자리가 가장 좋은 자리입니다.'라고 말하면서, 누더기를 걸친 노숙자는 아예 무시하거나 혹은 '여기 뒷자리에 앉는 게 좋겠습니다'라고 말한다면, 여러분은 하나님의 자녀들을 차별하고 남을 판단하는, 신뢰할 수 없는 사람이 아니겠습니까? 사랑하는 친구 여

러분, 귀 기울여 들으십시오. 하나님께서는 전혀 다르게 일하신다는 것이 이미 분명하게 드러나지 않았습니까?

□ 말씀 나누기

우리는 지금 사람을 차별하지 않아야 한다는 말씀을 묵상하고 있습니다. 차별에는 여러 가지 종류가 있지만, '성 차별'과 더불어 가장 흔한 차별은 '빈부 차별'입니다. 경제적인 소득의 수준에 따라서 사람을 차별대우하는 것입니다. 금가락지를 끼고 아름다운 옷을 입은 사람이 들어오면 가장 좋은 자리로 안내하고, 남루한 옷을 입은 가난한 사람이 들어오면 그냥 아무 데나 앉으라고 한다면, 그것이 바로 빈부 차별입니다.

믿음의 공동체인 교회에서는 그런 일이 있으면 안 됩니다. 그런데 실제로는 빈부 차별이 존재하고 있습니다. 그것이 교회의 엄연한 현실입니다. 그래서 사람들은 이렇게 생각합니다. "교회도 사람들이 모인 곳인데 어느 정도 차별이 있는 것은 어쩔 수 없는 일이 아니겠는가?" 아닙니다! 그렇게 생각하면 안 됩니다. 모든 차별은 하나님이 주시는 생각이 아니기 때문입니다.

악한 생각

야고보는 말합니다. "너희끼리 서로 차별하며 악한 생각으로 판단하는 자가 되는 것이 아니냐?"(4절). 차별하려는 생각은 분명히 '악한 생각'입니다. 상황에 따라서 얼마든지 그럴 수도 있다고 변명하려고 하면 안 됩니다. 하나님을 믿는 사람들은 어떤 이유로도 서로 차별해서는 안 됩니다.

그런데 차별이 왜 '악한 생각'일까요? 왜냐하면 그것은 자신의 기준으로 다른 사람을 '판단judge'하는 것이기 때문입니다. 인간 자신을 선악의 기준으로 삼게 하려는 것이 변함없는 사탄의 계략입니다. 에덴동산에서부터 그 일은 시작되었고 또한 지금까지 끈질기게 계속되고 있습니다.

선악의 기준은 하나님이 정하십니다. 하나님만이 사람을 판단하실 수 있습니다. 우리가 만일 자신의 기준으로 사람을 판단하기 시작한다면 우리는 더이상 하나님을 섬기는 사람이 아닙니다. 그래서 차별이 생기는 겁니다. 자신의 기준으로 사람의 가치를 판단하니까 자꾸 차별이 생기는 겁니다. 그렇기 때문에 교회 안에서는 어떤 이유로도 차별이 존재해서는 안 되는 것입니다.

믿음에 부요한 자

계속해서 야고보는 말합니다. "하나님이 세상에서 가난한 자를 택하사 믿음에 부요하게 하시고 또 자기를 사랑하는 자들에게 약속하신 나라를 상속으로 받게 하지 아니하셨느냐"(5절). 하나님은 구원하는 대상에 어떤 차별도 두지 않으십니다. 부자이든 가난한 자이든 복음을 받아들이는 사람이라면 누구나 구원하십니다. 그러나 실제로는 부자들보다 가난한 자들이 복음을 더욱 쉽게 받아들입니다.

그래서 주님은 "낙타가 바늘귀로 들어가는 것이 부자가 하나님의 나라에 들어가는 것보다 쉽다"(눅 18:25)고 말씀하셨습니다. 많은 재물이 오히려 하나님의 복음을 받아들이는 데 걸림돌이 되기 쉽다는 것입니다. 그러나 예수님은 "부자가 하나님의 나라에 들어가기가 어렵다"고 말씀하셨지 "부자는 결코 하나님 나라에 들어갈 수 없다"고 하지 않으셨습니다.

아무튼 하나님을 선택하여 믿고 따르는 사람들을 하나님은 '믿음에 부요하게be rich in faith' 하십니다. 진정한 부자는 '재물에 부요한 자'가 아니라 '믿음에 부요한 자'입니다. 재물은 있다가 없어지는 것입니다. 재물은 이 세상에 사는 동안만 필요합니다. 우리가 하나님 나라에 들어갈 때에는 모두 내려놓고 가야 합니다. 한 푼도 가져갈 수 없습니다. 그러나 우리가 하나님 나라에 가져갈 수 있는 것이 있습니다. 그것은 바로 '믿음'입니다.

야고보는 말합니다. 하나님 나라를 상속받을 수 있는 사람들은 '돈'이 아니라 '하나님'을 사랑하는 사람들이라고 말입니다. 돈보다 하나님을 사랑하는 사람들은 재물로 인해 사람을 차별하지 않습니다. 하나님의 마음으로 다른 사람들을 대합니다. 하나님을 사랑하기 때문에 믿음의 형제자매들을 사랑합니다. 그들이 가난하든지 부요하든지 상관하지 않고 말입니다.

그런 사람들이 하나님의 나라를 상속받습니다. 하나님 나라를 상속받는 사람이 '진짜 부자'입니다. 우리 모두 하나님 나라를 상속받는 하나님의 자녀들이 되어 살아가기를 간절히 소망합니다.

□ 은혜 나누기
겉모습으로 상대방을 판단하는 실수를 한 적이 있었다면 함께 나누어봅시다.
□ 공동 기도
하나님 아버지, 이 세상 사람들은 모두 하나님의 형상으로 지음 받은 귀한 존재들임을 잊지 않게 해주세요. 돈을 사랑하다 구원받지 못하는 가짜 부자가 아니라 하나님을 사랑하여 구원받는 진짜 부자가 되게 해주세요.

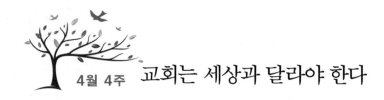

4월 4주 교회는 세상과 달라야 한다

□ 주님의 기도 주님이 가르쳐주신 기도로 가정예배를 시작합니다.

□ 찬송 부르기 357장(주 믿는 사람 일어나)

□ 성경 읽기 야고보서 2:6~7

　※ 개역개정판

　⁶너희는 도리어 가난한 자를 업신여겼도다. 부자는 너희를 억압하며 법정으로 끌고 가지 아니하느냐. ⁷그들은 너희에게 대하여 일컫는 바 그 아름다운 이름을 비방하지 아니하느냐.

　※ 메시지성경

　⁶⁻⁷그분께서는 세상의 가난한 사람들을 택하셔서 그 나라의 권리와 특권을 지닌 일등 시민이 되게 하셨습니다. 그 나라는 하나님을 사랑하는 사람 누구에게나 약속된 나라입니다. 그런데도 여러분은 여러분과 같은 시민들을 업신여겨 욕보이고 있습니다! 여러분을 착취하는 사람들은 지위가 높고 힘있는 자들이 아닙니까? 법정을 이용해 여러분에게 터무니없는 돈을 청구하는 사람들도 그들이 아닙니까? 여러분이 세례 때 받은 '그리스도인'이라는 새 이름을 경멸하는 사람들도 바로 그들이 아닙니까?

□ 말씀 나누기

　믿음의 공동체인 교회 안에 절대로 있어서는 안 될 두 가지는 바로 '우상숭배'와 '사람 차별'입니다. 우상숭배는 하나님과의 관계에서 가장 치명적인 죄이며, 사람 차별은 다른 사람과의 관계에서 가장 치명적인 죄이기 때문입니다. 그런데 부끄럽게도 이러한 일들이 있어왔습니다. 역사적으로 교회 안에 온갖 '차별'이 존재해왔다는 사실을 우리는 부인할 수 없습니다.

성 차별의 뿌리가 여전히 교회 제도 속에 깊이 박혀있고, 인종 차별의 상처가 완전히 아물지 않았습니다. 게다가 빈부 차별의 토양이 교회 안에 넓게 자리 잡고 있습니다. 교회 내부적으로는 가난한 성도들이 부요한 성도들과 동등한 대접을 받지 못하는 것을 봅니다. 돈의 힘이 믿음의 공동체 안에서도 여전히 대단한 위력을 발휘하고 있는 부끄러운 현실입니다.

어리석은 부자

야고보는 이러한 차별의 문제에 대해서 공개적으로 이야기하는 것을 주저하지 않습니다. "너희는 도리어 가난한 자를 업신여겼도다. 부자는 너희를 억압하며 법정으로 끌고 가지 아니하느냐"(6절). 우리말 성경의 '업신여겼다'를 NIV 성경은 '모욕했다insulted'로 번역합니다. 가난하다는 이유로 믿음의 형제들을 업신여기고 함부로 말하는 그런 어리석은 부자들이 있다는 것입니다.

어느 대형 교회 목사님이 "작은 교회 목회는 실패한 목회"라고 말해서 구설수에 오른 적이 있습니다. 그것이 바로 믿음의 형제들을 업신여기는 것입니다. 대형 교회를 만들지 못하면 다 실패한 것입니까? 평생 농촌에서 작은 교회를 섬겨온 목사님들은 모두 목회에 실패한 분들입니까? 예수님의 제자들은 겨우 12명에 불과했는데, 그렇다면 예수님도 실패한 것일까요? 이런 어리석은 부자들이 교회 안에서 영향력을 행사하는 안타까운 현실을 우리는 보고 있는 것입니다.

그것은 하나님을 모르는 세상 사람들이나 하는 일들입니다. 불평 등한 사회구조에서나 일어나는 일들입니다. 그래서 야고보는 "부자들이 너희를 억압하지 않느냐?"고 반문합니다. 여기에서 '억압하다'로 번역된 부분은 본래 '착취하다exploit'라는 뜻입니다. 부자들이 가난한 사람들을 착취하는 가장 대표적인 방법이 고리대금업입니다. 돈을 빌려주고 제 때에 갚지 못하면 재산을 몰수하거나 그들과 그 자식들까지 종으로 삼아버리는 그런 악랄한 방법입니다.

세상 사람들은 그런 방식으로 가난한 사람들을 착취하고 억압합니다. 그런데 하나님을 믿는다고 하는 그리스도인들이 만일 교회 안에서 가난한 사람들을 차별대우한다면, 세상 사람들과 다를 게 무엇이 있느냐는 것이지요.

그 아름다운 이름

야고보는 또한 하나님을 알지 못하는 어리석은 권력가들이 그리스도인을 비방하고 조롱하는 현실을 고발합니다. "너희에게 대하여 일컫는 바 그 아름다운 이름을 비방하지 아니하느냐"(7절). 그런데 여기에서 '그 아름다운 이름'은 무엇을 가리키는 것일까요? 메시지성경은 "여러분이 세례 때 받은 '그리스도인'이라는 새 이름"이라고 번역합니다. 그렇습니다. '그리스도인'이 예수 그리스도를 믿음으로써 우리가 받게 된 바로 '그 아름다운 이름'입니다.

그 이름을 세상의 권력가들은 함부로 비방하고 조롱하고 있습니다. 그런데 우리가 교회 안에서 지위가 높고 영향력이 있다고 해서 만일 그렇지 못한 믿음의 형제들을 경멸하고 비방한다면, 세상 사람들과 다른 것이 하나도 없습니다. 우리는 모두 예수님을 믿는 그리스도인인데, 만일 우리가 믿음의 형제를 차별한다면 우리 스스로가 그리스도인이라는 이름을 경멸하는 셈이 되는 것입니다.

믿음은 행동을 낳습니다. 믿는 대로 살게 되어 있습니다. 하나님을 아버지라고 고백하는 믿음은 다른 성도들을 형제자매로 받아들이는 '삶'으로 연결됩니다. 그런데 가난하게 산다는 이유로 믿음의 형제들을 경멸하고 차별대우한다면, 그것은 하나님을 아버지로 고백하는 믿음에 진정성이 없다는 뜻이 됩니다. 그와 같이 겉과 속이 다르고, 고백과 삶이 다른 신앙생활을 하는 그리스도인들로 인해서 하나님의 영광을 가리고, 교회가 세상에게 손가락질당하게 되는 것입니다.

교회는 세상과 달라야 합니다. 그렇기 때문에 교회 안에서는 어떤 종류의 차별도 존재해서는 안 됩니다. 특히 돈으로 사람들을 차별대우하는 일이 있어서는 안 됩니다. 오히려 약자들을 돕고 섬기며 세워가는 교회가 '교회다운 교회'입니다. 교회다움을 회복하는 일에 쓰임받는 우리 가정이 되기를 간절히 소망합니다.

▫ 은혜 나누기
차별 없는 믿음의 공동체를 만들기 위해 우리가 과연 어떤 일을 할 수 있을지 함께 나누어봅시다.

▫ 공동 기도
하나님 아버지, 우리에게 '그리스도인'이라는 이름을 주시고 '그리스도의 몸'을 이루는 지체로 삼아주시니 감사합니다. 우리와 연결된 믿음의 형제들을 차별하지 않고 사랑함으로써 아름다운 믿음의 공동체를 만들어갈 수 있게 도와주세요.

최고의 법

▫ 주님의 기도 주님이 가르쳐주신 기도로 가정예배를 시작합니다.

▫ 찬송 부르기 475장(인류는 하나 되게)

▫ 성경 읽기 야고보서 2:8~9

　※ 개역개정판

　[8]너희가 만일 성경에 기록된 대로 네 이웃 사랑하기를 네 몸과 같이 하라 하신 최고의 법을 지키면 잘하는 것이거니와 [9]만일 너희가 사람을 차별하여 대하면 죄를 짓는 것이니 율법이 너희를 범법자로 정죄하리라.

　※ 메시지성경

　[8-9]여러분이 "네 자신을 사랑하듯이 다른 사람들을 사랑하라"는 성경의 고귀한 법을 이행하면, 그것은 잘하는 일입니다. 그러나 여러분이 이른바 유력 인사라고 하는 자들을 우대한다면, 그것은 성경의 법을 어기는 것이고, 여러분은 그 일로 말미암아 법법자가 됩니다.

▫ 말씀 나누기

　우리 주님은 구약성경이 가르치는 율법의 정신을 '하나님 사랑'과 '이웃 사랑'으로 정리하셨습니다(마 22:37-40). 하나님 사랑의 계명에 정면으로 어긋나는 죄는 '우상숭배'입니다. 그리고 이웃 사랑의 계명에 정면으로 어긋나는 죄는 '사람 차별'입니다. 그렇기 때문에 믿음의 공동체인 교회 안에 이 두 가지는 절대로 있어서는 안 되는 것입니다.

야고보는 오늘 본문에서 '사람 차별의 죄'에 대해서 집중적으로 다루고 있습니다.

편애偏愛의 죄

야고보는 "네 이웃 사랑하기를 네 몸과 같이 하라"는 계명을 '최고의 법'이라고 합니다. NIV 성경은 이를 가리켜 '왕의 법the royal law'이라고 표현합니다. 만왕의 왕이신 예수님께서 가장 큰 계명이라고 말씀하신 바로 그 계명이기 때문입니다. 야고보는 이웃을 자신의 몸과 같이 사랑한다면 참 잘하는 일이지만, 만일 사람을 차별하여 대하면 최고의 법을 무시하는 죄를 짓는 일이 된다고 말합니다.

그런데 왜 '사람 차별'이 "이웃을 사랑하라"는 최고의 법에 정면으로 도전하는 가장 큰 죄가 되는 것일까요? '차별'을 영어식으로 표현하면 '편애favoritism'가 됩니다. 편애偏愛란 "더 좋아하는 사람이 있다"는 뜻입니다. 그러니까 이웃을 사랑하지 않는 것이 아닙니다. 단지 치우쳐서 사랑할 뿐입니다. 그런데 그것이 결국 차별이 되는 것이지요.

정도의 차이는 있겠지만 사람마다 어느 정도의 편애를 가지고 있습니다. 모든 사람을 똑같은 비중으로 사랑하지는 않습니다. 누구에게나 특별히 마음이 통하는 사람들이 있게 마련입니다. 그래서 끼리끼리 모이게 되지요. 그러다 보니까 자연히 소홀해지는 사람들도 생겨납니다. 그 사람을 고의적으로 미워해서가 아니라 다른 한쪽을 더 사랑하기 때문에 차별이 생겨나는 것입니다.

보통 사람들은 이와 같은 편애를 그렇게 심각한 죄라고 생각하지 않습니다. 그러나 야고보는 바로 그것이 이웃 사랑이라는 '최고의 법'을 어기는 큰 죄라고 말하고 있는 것입니다. 여기에는 그럴만한 이유가 있습니다.

이웃 사랑이란

그것은 "이웃을 내 몸과 같이 사랑한다"는 계명의 구체적인 의미를 알아야 이해할 수 있습니다. 여기에서 '이웃'은 구체적으로 누구를 가리키며, "내 몸과 같이 사랑한다"는 것의 실제적인 내용은 무엇일까요? 그 대답을 얻기 위해서 우리는 이 계명이 기록되어 있는 본래의 자리로 돌아가서 그 콘텍스트를 잘 살펴보아야 합니다.

"원수를 갚지 말며 동포를 원망하지 말며 네 이웃 사랑하기를 네 자신과 같이 사랑하라. 나는 여호와니라"(레 19:18).

이 말씀에는 크게 두 가지 명령이 있습니다. "동족을 원망하지 말라"는 계명과 "이웃을 자신같이 사랑하라"는 계명이 그것입니다. '동족同族'은 같은 민족 즉 이스라엘 사람들을 가리키는 말입니다. 그렇다면 '이웃'은 누구를 가리킬까요? 이에 대한 설명이 레위기 19장의 뒷부분에 나옵니다.

"거류민이 너희의 땅에 거류하여 함께 있거든 너희는 그를 학대하지 말고 너희와 함께 있는 거류민을 너희 중에서 낳은 자 같이 여기며 자기 같이 사랑하라. 너희도 애굽 땅에서 거류민이 되었었느니라"(레 19:33-34).

거류민은 타국인을 말합니다. 본래 이스라엘 땅에서 태어나지는 않았지만 현재 함께 우거하여 살고 있는 외국인을 가리키는 말입니다. 그들을 "너희 중에서 낳은 자 같이 여기며 자기 같이 사랑하라"고 말씀하시는 것입니다. 결국 "이웃을 내 몸과 같이 사랑하라"는 말씀은 "타국인을 동족처럼 사랑하라"는 말씀입니다.

왜 그래야 합니까? 이스라엘 사람들도 과거에는 애굽에서 종살이하던 타국인이었기 때문입니다. 그들을 하나님께서 구원하여 약속의 땅으로 인도하셨습니다. 그렇기 때문에 하나님이 다스리는 약속의 땅에서는 차별이 있어서는 안 됩니다. 이웃 사랑은 단지 어려운 이웃을 도와주는 정도가 아닙니다. 외국인을 차별하지 않고 동족처럼 똑같이 대우하는 것입니다. 그래서 사람 차별이 이웃 사랑의 계명을 어기는 죄가 되는 것입니다.

그렇다면 믿음의 공동체인 교회에서 '이웃 사랑'은 무엇을 말하는 것일까요? 넓은 의미로는 교회 다니지 않는 불신자 이웃에 대한 관심과 사랑을 포함할 수 있지만, 직접적으로는 교회 안에 들어온 '타국인'에 대한 적극적인 포용을 의미합니다. 토박이 신자에 비해서 새로 들어온 초신자가 바로 타국인인 셈입니다. 그들을 마치 오래전부터 한 식구였던 것처럼 맞아들이고 사랑하는 것이 이웃 사랑입니다.

교회의 교회다움은 차별이 없을 때에 드러납니다. 누구를 미워하기 때문에 차별이 생기는 것이 아니라, 자기들끼리만 사랑하기 때문에 차별이 생긴다는 사실을 알아야 합니다. 편애를 포기할 때 우리는 이웃 사랑이라는 최고의 법을 실천할 수 있는 것입니다.

▫ 은혜 나누기
편애와 차별이 다르지 않다는 사실에 대해서 자신의 생각을 함께 나누어봅시다.

▫ 공동 기도
하나님 아버지, 믿음의 공동체 안에서 처음 보는 얼굴에게 우리가 먼저 다가가서 따뜻한 말을 건넬 수 있게 해주세요. 그것이 이웃 사랑의 출발임을 깨닫고 실천할 수 있게 해주세요.

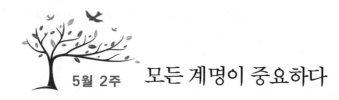

5월 2주 　모든 계명이 중요하다

　　□ 주님의 기도 주님이 가르쳐주신 기도로 가정예배를 시작합니다.

　　□ 찬송 부르기 218장(네 맘과 정성을 다하여서)

　　□ 성경 읽기 야고보서 2:10~11

　　　※ 개역개정판

　　　[10] 누구든지 온 율법을 지키다가 그 하나를 범하면 모두 범한 자가 되나니 [11] 간음하지 말라 하신 이가 또한 살인하지 말라 하셨은즉 네가 비록 간음하지 아니하여도 살인하면 율법을 범한 자가 되느니라.

　　　※ 메시지성경

　　　[10-11] 여러분은 하나님의 율법 가운데 이러저러한 조항만 선택할 수 없고, 특별히 한두 가지는 지키고 다른 것들을 무시할 수는 없습니다. '간음하지 말라'고 하신 하나님께서 또한 '살인하지 말라'고 하셨습니다. 여러분이 간음하지는 않았으나 살인을 저질렀다고 가정해 봅시다. 그러면 여러분은 '나는 간음하지 않았으니, 그것으로 나의 살인죄가 상쇄될 거야'라고 생각하겠습니까? 그럴 수 없습니다. 여러분은 결국 살인범입니다.

　　□ 말씀 나누기

　　사람들은 율법 중에도 더 중요한 것과 덜 중요한 것이 있다고 생각하려고 합니다. 어느 율법사가 예수님을 시험하여 "율법 중에서 어느 계명이 크냐?"(마 22:36)고 물었을 때에도 사실 그런 생각이 깔려있었습니다. 물론 주님은 '하나님 사랑'과 '이웃 사랑'의 계명을 모든 율법의 기본 정신이라고 가르치셨지요(마 22:40).

그러자 사람들은 하나님 사랑과 이웃 사랑을 비교하여 어느 것이 더 큰 계명인지 따지려고 합니다. 왜 그러는 것일까요? 여기에는 적어도 두 가지 이유가 있다고 봅니다. 그 하나는 모든 율법을 지키는 것은 불가능하다는 생각이요, 다른 하나는 율법이란 얼마든지 선택하여 지킬 수 있다는 생각입니다. 그러니까 이웃을 사랑하지 못한다고 해도 하나님을 잘 믿고 섬긴다면 그 부족한 부분이 채워질 것이라 믿고 싶은 겁니다.

야고보는 그런 생각과 태도가 얼마나 잘못된 것인지 오늘 본문에서 지적합니다.

율법의 취사선택

야고보는 말합니다. "누구든지 온 율법을 지키다가 그 하나를 범하면 모두 범한 자가 되나니…"(10절). 우리가 율법 중에서 어느 것 하나라도 소홀히 취급할 수 없는 이유는 그 하나를 범하면 모든 율법을 범한 자가 되기 때문입니다. 법이라는 것이 본래 그렇습니다. 법조문 가운데 하나만 어겨도 그 사람은 범법자가 됩니다.

간음하지 않아도 살인하면 범법자입니다. 그 반대도 물론 마찬가지입니다. 하나님을 사랑하지 않는 것이나 이웃을 사랑하지 않는 것도 마찬가지입니다. 하나님 보시기에 모두 똑같은 죄입니다. 아무리 하나님을 뜨겁게 사랑하는 마음을 가지고 있다고 하더라도, 만일 마음속에 사람을 미워하거나 차별하는 생각을 가지고 있다면, 그것으로 인해 우리는 하나님 앞에 죄인이 될 수밖에 없다는 것입니다.

메시지성경은 이렇게 풀이합니다. "여러분은 하나님의 율법 가운데 이러저러한 조항만 선택할 수 없고, 특별히 한두 가지는 지키고 다른 것들을 무시할 수는 없습니다." 정말 그렇습니다. 부모님의 말씀을 듣고 싶은 것만 듣고, 듣기 싫은 것은 듣지 않는다면 어떻게 효도한다고 할 수 있겠습니까? 하나님의 말씀은 자신의 입맛대로 취사선택할 수 있는 것이 아닙니다.

모든 율법은 연결되어 있다

아흔아홉 개의 율법을 신실하게 잘 지켜도 단 한 가지를 지키지 않는다면 율법 전체를 어긴 것이 됩니다. 빈집을 턴 열 명의 도둑이 있는데, 아홉 명에게는 유죄판결을 내리고 한 명에게는 무죄판결을 내릴 수 있겠습니까? 다른 계명을 아무리 잘 지켰다고 해도, "이웃을 네 몸처럼 사랑하라"는 명령을 어겼다면 그것은 곧 율법 전체를 범한 것이 되고 맙니다.

이러한 야고보의 가르침은 사람에 대한 차별을 그렇게 심각한 죄로 생각하지 않으려고 하는 그리스도인들에게 경종을 울려줍니다. 다른 계명들을 아무리 잘 지켜도 사람을 차별한다면 그동안 잘 지켜온 다른 것들이 아무 소용없어집니다. 비록 한 가지이지만 하나님의 법 전부를 어긴 것과 같기 때문입니다. 그런 의미에서 모든 율법들은 다 연결되어 있다고 할 수 있습니다.

하나님을 사랑하는 것은 형제를 사랑하는 것으로 나타납니다. 그런데 말로는 하나님을 사랑한다고 하면서 만일 형제를 미워한다면, 하나님을 사랑한다는 그 말은 분명히 거짓입니다(요일 4:20). '생활'과 '신앙'은 연결되어 있습니다. 생활을 보면 신앙을 알 수 있습니다. 행함을 보면 믿음을 알 수 있습니다. 믿음은 행함으로 나타나야만 합니다. 삶으로 풀어내는 믿음이 진짜입니다.

우리와 다른 사람들을 받아들이는 것은 우리에게 여전히 어려운 일입니다. 그래서 아직까지 가장 잘 지켜지지 않는 계명이 바로 "이웃을 내 몸과 같이 사랑하라"는 말씀입니다. 우리와 다르다는 이유로 받아들이지 못하는 것입니다. 그렇지만 사람 차별하면서 드리는 예배를 하나님이 기뻐 받지 않으신다는 사실을 우리는 기억해야 합니다.

'차별'이란 미움이 아니라 끼리끼리의 사랑에서 생겨납니다. 마음이 통하는 사람, 피부 색깔이 같은 사람, 생활 수준이 비슷한 사람들끼리만 사랑하기 때문에 상대적으로 차별이 만들어지는 것입니다. 백인들끼리는 사랑하는데 흑인을 받아들이지 않기 때문에 차별인 것입니다. 그런 편애favoritism가 존재하는 한 우리는 하나님의 말씀에 온전히 순종하며 살 수 없습니다.

우리 안에 알게 모르게 자리 잡고 있는 편애라는 차별의 뿌리를 뽑아 버리고, 하나님 말씀에 온전히 순종하여 따르는 우리가 되기를 간절히 소망합니다.

□ 은혜 나누기
우리 가족 중에 마음이 가장 잘 통하는 사람은 누구인지 함께 나누어봅시다.
□ 공동 기도
하나님 아버지, 지금까지 우리는 하나님의 말씀을 우리의 편의에 따라 선택하여 순종해왔음을 고백합니다. 앞으로는 모든 말씀에 순종하며 살아갈 수 있도록 우리를 붙들어주세요.

심판을 이기는 긍휼

5월 3주

□ **주님의 기도** 주님이 가르쳐주신 기도로 가정예배를 시작합니다.

□ **찬송 부르기** 220장(사랑하는 주님 앞에)

□ **성경 읽기** 야고보서 2:12~13

※ 개역개정판

¹²너희는 자유의 율법대로 심판 받을 자처럼 말도 하고 행하기도 하라. ¹³긍휼을 행하지 아니하는 자에게는 긍휼 없는 심판이 있으리라. 긍휼은 심판을 이기고 자랑하느니라.

※ 메시지성경

¹²⁻¹³여러분은 우리에게 자유를 주는 그 법에 따라 심판을 기다리는 사람처럼 말하고 행동하십시오. 여러분이 친절하게 행동하지 않으면, 친절한 대우 받기를 기대할 수 없을 것입니다. 친절한 자비는 언제나 무자비한 심판을 이깁니다.

□ **말씀 나누기**

교회는 세상과 달라야 합니다. 사람 차별이 없는 것으로 증명되어야 합니다. 세상은 이런저런 이유를 붙여서 사람 차별을 정당화합니다. 그러나 그리스도인들은 하나님의 통치를 받아들이는 순간부터 운명적으로 차별을 용납할 수 없게 됩니다. '사람 차별'은 '이웃 사랑'의 말씀과 정면충돌하는 것이기 때문입니다. 오늘 본문은 지금까지 우리가 묵상해 온 사람 차별 금지에 대한 말씀의 결론입니다.

자유의 율법

야고보는 "자유의 율법대로 심판 받을 자처럼 말도 하고 행하기도 하라"(12절)고 권면합니다. 우리말 '자유의 율법'을 NIV 성경은 '자유를 주는 율법the law that gives freedom'이라고 번역합니다. 메시지성경 역시 '우리를 자유롭게 하는 규칙the Rule that sets us free'이라고 표현합니다. 이는 8절에 언급된 '최고의 법'과 동의어로서, '이웃 사랑'의 계명을 가리키고 있습니다.

자, 그런데 이웃을 내 자신처럼 사랑하는 것이 어떻게 자유를 주는 율법이 될 수 있을까요? 왜냐하면 이스라엘을 애굽의 종살이에서 해방시킨 율법이기 때문입니다. 하나님은 타국인 차별을 금지하는 이웃 사랑의 근거로 이스라엘 백성들이 경험했던 노예 생활을 상기시켰습니다(레 19:34). 하나님이 그들을 애굽의 차별대우에서 해방시켜 자유인이 되게 하셨듯이, 그들 가운데 어떤 차별대우도 있어서는 안 된다고 말씀하셨습니다. 바로 그것이 하나님께서 이스라엘 백성들을 해방시킨 진정한 이유입니다.

그럼에도 불구하고 이스라엘 백성들이 만일 타국인을 차별한다면, 하나님의 노력이 물거품이 되고 맙니다. 이스라엘 백성들이 애굽 사람들에게 당했던 차별과 억압을 정당화하는 일이 되고 맙니다. 이스라엘이 다른 민족 위에 군림하는 압제자가 되고, 약자들을 차별하며 억압하는 착취자가 되어버린다면, 하나님이 굳이 그들을 구원하실 이유가 없는 것입니다.

그런 의미에서 이웃 사랑의 계명은 자유를 주는 율법입니다. 이스라엘 백성들이 자유를 얻게 된 것은 이 계명에 나타난 하나님의 뜻 때문입니다. 그렇다면 자유하는 율법으로 '심판을 받는다'는 것은 무슨 뜻일까요?

그것은 하나님의 백성으로서 언젠가 하나님의 심판대 앞에 설 때 이 법에 의해서, 즉 '이웃 사랑'의 법에 의해서 심판을 받게 된다는 뜻입니다. 하나님께서 우리를 심판하실 때에 사람 차별하지 않고 그들을 진심으로 사랑했는지를 보신다는 것입니다. 그게 하나님의 자녀들이 받게 될 심판입니다. 하나님을 믿지 않는 사람들은 그들의 믿음 없음으로 심판을 받지만, 하나님의 자녀들은 심판의 기준이 다릅니다. 사람 차별이 바로 그 기준입니다.

그렇기 때문에 우리 그리스도인들은 그것을 잘 알고 '말도 하고 행하기도 해야' 합니다. 함부로 다른 사람들을 업신여긴다거나, 끼리끼리 편애하는 행동을 하다가는 큰일 납니다. 그것으로 인해 하나님의 준엄한 심판을 받게 될 것이기 때문입니다.

친절한 자비

계속해서 야고보는 "긍휼을 행하지 아니하는 자에게는 긍휼 없는 심판이 있을 것"(13절)이라고 합니다. '긍휼矜恤'은 말 그대로 '불쌍히 여기는 마음'입니다. 하나님은 이스라엘 백성들을 긍휼히 여기셔서 구원하셨고, 그들 또한 긍휼히 여기며 살기를 원하셨습니다. 그 긍휼의 구체적인 표현이 바로 타국인을 차별대우하지 않고 사랑하는 것입니다.

그러나 긍휼을 행하지 않으면 그것으로 인해 긍휼 없는 심판을 받을 것이라고 합니다. 생각해 보십시오. 만일 하나님께서 법대로 심판하신다면 이 세상의 어떤 사람이 그 심판을 견딜 수 있겠습니까? 하나님의 백성이 하나님의 백성답게 살지 못할 때 더욱 가혹한 심판을 받게 될 것입니다.

그렇지만 "긍휼은 심판을 이기고 자랑한다"고 야고보는 말합니다. 메시지성경은 이것을 "친절한 자비는 언제나 무자비한 심판을 이긴다"고 풀이합니다. 무슨 뜻입니까? 우리가 하나님의 마음을 품고 타국인들과 같은 약한 자들을 긍휼히 여기고 친절한 자비를 베풀면, 최후의 심판 때 우리 모두 하나님의 긍휼하심을 입어 구원을 받게 될 것이라는 말씀입니다.

그래서 주님은 산상수훈에서 "긍휼히 여기는 자는 긍휼히 여김을 받게 될 것"(마 5:7)이라고 가르치셨습니다. 이웃에게 긍휼하지 못한 삶은 결국 긍휼 없는 심판 앞에 서게 만듭니다. 이웃에게, 특히 가장 약하고 낮은 사람에게 긍휼의 마음으로 사랑하면 하나님께서 그를 긍휼히 여겨 주실 것입니다. 이것은 특별히 예수 그리스도의 대속의 은총으로 구원받아 하나님의 자녀가 된 우리 그리스도인들에게 직접 해당되는 말씀입니다.

하나님이 원하시는 믿음의 공동체는 차별은 없고 그 대신 긍휼이 풍성한 교회입니다. 사람을 겉모습으로 함부로 판단하지 않고 정죄하지 않는 교회입니다. 우리의 이웃을 긍휼히 여기며 사랑함으로써 하나님께 기쁨을 드리는 우리 가정이 되기를 소망합니다.

▢ 은혜 나누기
누군가에게 긍휼히 여김을 받은 경험이 있었다면 함께 나누어봅시다.
▢ 공동 기도
하나님 아버지, 우리에게도 하나님의 마음을 부어주세요. 이웃을 불쌍히 여기고 사랑할 수 있게 해주세요. 그리하여 마지막 심판의 때에 하나님으로부터 긍휼히 여김을 받는 복을 누리게 해주세요.

5월 4주   행함 없는 믿음

□ 주님의 기도 주님이 가르쳐주신 기도로 가정예배를 시작합니다.

□ 찬송 부르기 452장(내 모든 소원 기도의 제목)

□ 성경 읽기 야고보서 2:14

　※ 개역개정판

　¹⁴내 형제들아, 만일 사람이 믿음이 있노라 하고 행함이 없으면 무슨 유익이 있으리요. 그 믿음이 능히 자기를 구원하겠느냐.

　※ 메시지성경

　¹⁴사랑하는 친구 여러분, 여러분은 온갖 옳은 말씀을 배우기만 하고 아무 것도 행하지 않으면서 잘되기를 바랍니까? 어떤 사람이 믿음을 논하기만 하고 전혀 실천하지 않는다면, 그 사람에게 믿음이 실제로 있는 것이겠습니까?

□ 말씀 나누기

　야고보서 2장 전반부(1-13절)에서 야고보는 '사람 차별'의 문제에 집중해왔습니다. 이제 후반부(14-26절)에 들어와서는 야고보서의 가장 중요한 주제라고 할 수 있는 '믿음과 행함의 관계'에 대해서 다루기 시작합니다. 이 문제는 모든 그리스도인들이 가지고 있는 가장 심각한 고민 중의 하나입니다. 하나님을 믿기는 하지만 실제로는 그 믿음과 상관없이 살아갈 때가 참 많이 있기 때문입니다.

　야고보는 예루살렘교회의 목회자였습니다. 그는 탁상공론으로 신학적인 이슈를 다루지 않습니다. 그의 관심은 철저히 실천적이고 목회적이었습니다. 그런 의미에서 이 문제를 풀어나가는 야고보의 접근 방식은 우리에게 많은 것을 가르쳐줍니다.

자랑하는 믿음

오늘 본문에서 야고보는 '믿음이 있노라'고 말하는 사람이 있다고 합니다. 즉 스스로 믿음이 있다고 자랑하면서 자신의 믿음을 드러내고 싶어 하는 사람이 있다는 것입니다. 그러나 진짜 믿음은 그렇게 말로 자랑하는 것이 아닙니다. 믿음은 자연스럽게 삶으로 배어 나오게 되어 있습니다. '믿음이 있다'고 자랑은 하는데 만일 그것에 어울리는 행함이 따르지 않는다면 그 믿음이 다 무슨 소용입니까? 야고보는 이렇게 표현합니다. "그 믿음이 능히 자기를 구원하겠느냐?"

이 대목에서 우리는 기독교 신앙의 핵심 교리인 구원론에 대해서 생각하지 않을 수 없습니다. 우리는 "믿음으로 말미암아 구원 받는다"는 이른바 '이신칭의以信稱義'의 교리에 대해서 잘 알고 있습니다. 그것은 바울 신학을 구성하는 핵심입니다.

"너희는 그 은혜에 의하여 믿음으로 말미암아 구원을 받았으니 이것은 너희에게서 난 것이 아니요 하나님의 선물이라. 행위에서 난 것이 아니니 이는 누구든지 자랑하지 못하게 함이라"(엡 2:8-9).

바울에 의하면 구원은 율법을 완벽하게 행했기 때문에 그 업적으로 주어지는 것이 아닙니다. 오직 예수를 그리스도로 믿는 믿음으로 구원받게 됩니다. 따라서 이방인들이 할례를 받지 않았다고 하더라도 예수님을 믿기만 하면 구원받을 수 있습니다. 물론 그렇습니다. 그러나 야고보는 말합니다. "행함이 없는 믿음이 자기를 구원하겠느냐?" 야고보가 생각하는 믿음은 입술만의 고백이 아닙니다. 자랑하는 믿음이 아닙니다. 행함으로 나타나는 믿음입니다.

그런데 야고보의 말을 오해하는 사람들이 많이 있었습니다. 그 대표적인 인물이 바로 종교개혁자였던 마틴 루터Martin Luther였습니다. 그는 야고보서를 가리켜서 '지푸라기 서신'이라고 말했습니다. 야고보가 '행함'을 강조한다는 이유에서였습니다. 그것은 말 그대로 오해입니다. 야고보는 믿음과 상관없는 행함으로 구원받는다고 하지 않습니다. 오히려 참된 믿음이란 행함을 수반하게 되어 있다는 점을 강조하고 있을 뿐입니다.

오늘날 한국교회가 경험하고 있는 '신앙'과 '생활'의 불일치 현상은 바울의 이신칭의의 교리에 기초하여 '오직 믿음'만을 강조해온 부작용이라는 사실을 우리는 솔직하게 인정해야 합니다. 그 문제를 치유하고 진정한 믿음을 세우기 위해서라도 우리는 야고보의 가르침에 귀를 기울여야 합니다.

실천하는 믿음

오늘 본문을 메시지성경은 다음과 같이 번역합니다.

"사랑하는 친구 여러분, 여러분은 온갖 옳은 말씀을 배우기만 하고 아무 것도 행하지 않으면서 잘되기를 바랍니까? 어떤 사람이 믿음을 논하기만 하고 전혀 실천하지 않는다면, 그 사람에게 믿음이 실제로 있는 것이겠습니까?"(약 2:14, 메시지).

그렇습니다. 믿음은 배우고 논하는 대상이나 주제가 아닙니다. 믿음은 삶입니다. 믿음은 실천입니다. 믿음에 대해서 아무리 말talking을 많이 한다고 하더라도, 만일 말한 대로 '전혀 행동하지 않는다면'(never do anything) 그 사람에게 실제로 믿음이 있다고 할 수는 없는 일입니다. 실천하는 만큼만 믿음이 있는 것입니다.

우리는 아브라함을 가리켜서 믿음의 조상이라고 합니다. 여러 가지 이유가 있겠지만, 우선 그는 하나님을 믿었습니다. 하나님의 약속을 믿었습니다. 그리고 말씀에 순종하여 고향 땅을 떠났습니다. 하나님께서 지시할 미지의 땅으로 향했습니다. 그게 믿음입니다. 하나님을 믿는다고 하면서 말씀에 순종하지 않고 그냥 고향에 주저앉아 있었다면 아브라함은 믿음의 조상이 될 수 없었습니다.

성경 지식이 많아야 믿음이 좋은 게 아닙니다. 아는 대로 순종하여 살아가는 만큼이 믿음입니다. 믿음은 명사가 아닙니다. 믿음은 동사입니다. 행동하고 실천하는 믿음이 진짜입니다. 그 믿음이 우리에게 구원이라는 하나님의 은혜와 선물을 경험하게 하는 것입니다. 우리 모두 이제부터 '행함 없는 믿음'이 아니라 '실천하는 믿음'으로 살아가기를 간절히 소망합니다.

□ 은혜 나누기

나의 믿음은 어떤 상태에 있는지 함께 나누어봅시다.

□ 공동 기도

하나님 아버지, 믿음에 행함이 따르지 않는다면 아무런 소용이 없다는 사실을 깨닫게 해주셔서 감사합니다. 우리 가정이 말뿐인 믿음이 아니라 행동하고 실천하는 믿음으로 살아갈 수 있도록 인도해주세요.

5월 5주   사랑 없는 믿음

- □ 주님의 기도 주님이 가르쳐주신 기도로 가정예배를 시작합니다.
- □ 찬송 부르기 311장(내 너를 위하여)
- □ 성경 읽기 야고보서 2:15~16

    ※ 개역개정판

    [15]만일 형제나 자매가 헐벗고 일용할 양식이 없는데 [16]너희 중에 누구든지 그에게 이르되 평안히 가라, 덥게 하라, 배부르게 하라 하며 그 몸에 쓸 것을 주지 아니하면 무슨 유익이 있으리요.

    ※ 메시지성경

    [15-16]예를 들어, 여러분의 옛 친구가 누더기를 걸친 채 굶주리고 있는데, 그에게 다가가서 '여보게, 친구! 그리스도를 입으시게! 성령 충만하시게!'라고 말하면서, 외투 한 벌이나 밥 한 그릇 주지 않고 떠나간다면, 무슨 소용이 있겠습니까?

- □ 말씀 나누기

    지난 시간에 우리는 '행함 없는 믿음'에 대해서 살펴보았습니다. 야고보는 오늘 본문에서 그 구체적인 예를 '사랑 없는 믿음'으로 설명합니다.

혀끝의 사랑

같은 교회에 출석하고 있는 성도 중에 어려운 형편에 살고 있는 사람이 있다고 합시다. 하나님을 믿는 사람이라면 당연히 이웃을 사랑해야 하고 사람을 차별하지 않아야 한다는 것을 잘 알고 있습니다. 그렇다면 어떻게 해야 할까요? 먹을 것이 없는 형제에게 밥 한 그릇 사주고, 입을 것이 없는 자매에게 옷 한 벌을 나누어주는 것이 마땅한 일입니다.

그런데 필요한 것을 주지는 않으면서 말로만 걱정합니다. '평안히 가라', '덥게 하라', '배부르게 하라'고 합니다. 그것이 바로 '행함이 없는 믿음'이라는 것입니다. 정말 그렇습니다. 내가 하나님을 아버지로 믿는다면, 같은 믿음을 가진 사람들은 한 아버지를 섬기는 형제요 자매입니다. 그런데 그들의 현실적인 필요를 채워주려고 하지 않으면서 어떻게 그들과 믿음에 대해서 이야기할 수 있겠습니까?

메시지성경의 표현이 아주 실감납니다.

"여러분의 옛 친구가 누더기를 걸친 채 굶주리고 있는데, 그에게 다가가서 '여보게, 친구! 그리스도를 입으시게! 성령 충만하시게!'라고 말하면서, 외투 한 벌이나 밥 한 그릇 주지 않고 떠나간다면, 무슨 소용이 있겠습니까?"(15-16절, 메시지).

"그리스도를 입으십시오!"(Be clothed in Christ!)라는 권면이나, "성령 충만하십시오!"(Be filled with the Holy Spirit!)라는 권면은 이른바 '믿음이 좋은 사람'이 자주 사용하는 말입니다. 사실 그 권면 자체가 잘못된 것은 아닙니다. 문제는 그 권면을 듣고 있는 형제의 현실적인 필요에 대해서는 눈 감고 있다는 사실입니다. 이것이 바로 말로만의 사랑입니다.

손끝의 사랑

결국 행함 없는 믿음은 사랑 없는 믿음입니다. 이 말씀에 비추어서 '사랑장'으로 알려져 있는 고린도전서 13장의 결론 부분을 묵상할 필요가 있습니다.

"그런즉 믿음, 소망, 사랑, 이 세 가지는 항상 있을 것인데 그 중의 제일은 사랑이라"(고전 13:13).

우리가 너무나 잘 알고 있는 말씀입니다. 그런데 믿음과 소망과 사랑 중에서 왜 하필 '사랑'을 제일이라고 하는 것일까요?

어떤 분이 간증을 하는데, 이 말씀은 잘못된 것이라고 합니다. 자기 생각에는 사랑이 아니라 믿음이 최고라는 것이지요. 믿음으로 구원받고, 믿음으로 축복받고, 믿음으로 병 고치고, 믿음으로 소원성취할 수 있는데, 믿음이 최고가 아니겠냐는 겁니다. 그걸 듣고 있는 사람들이 모두 '아멘!' 하더군요. 정말 그럴까요? 아무리 자기 생각이 그렇더라도 성경을 그런 식으로 마음대로 뜯어고치면 큰일 납니다.

어떤 분은 믿음과 소망과 사랑이 각각 '과거'와 '미래'와 '현재'를 상징하는 것으로 풀이합니다. 믿음이란 예수 그리스도의 십자가 사건을 믿는 것이고, 소망은 장차 하나님 나라에서 영생을 누리게 될 것을 바라보는 것이라면, 사랑은 현재 우리가 행하면서 살아야 할 사명이라는 설명입니다. 그럴듯하게 보이지만 이 또한 무리한 해석입니다. 과거의 일에만 믿음이 필요한 것이 아니라 앞으로 다가올 주님의 재림과 하나님 나라의 완성에도 필요하기 때문입니다.

그렇다면 왜 사랑을 더욱 귀한 것으로 말씀하고 있을까요? 왜냐하면 믿음과 소망은 기본이고, 사랑은 그 위에 더하는 것이기 때문입니다. 성경은 하나님을 믿지 않는 사람에게 무턱대고 사랑의 실천부터 요구하지 않습니다. 사랑은 믿음과 소망의 기본이 갖추어진 사람에게

나 요구되는 것입니다. 왜냐하면 믿음은 사랑의 행위로 표현되어야 하기 때문입니다. 사랑이 진짜 믿음을 증명하는 길이기 때문입니다.

'선한 사마리아인의 비유'에 등장하는 제사장과 레위인은 모두 하나님에 대한 믿음이 있는 사람이었습니다. 그러나 그들은 도움을 간절히 필요로 하는 이웃을 보고도 외면하고 그냥 지나갔습니다. 그 행위를 통해서 우리는 그들의 믿음이 가짜라는 사실을 알게 됩니다. 물론 이웃을 사랑하고 구제하는 행위가 구원의 조건이 될 수는 없습니다. 그러나 우리는 믿음으로 구원받은 사람들이기에, 이웃에 대한 사랑의 행동으로 믿음을 보일 수밖에 없는 것입니다.

"거짓 사랑은 혀끝에 있고, 참 사랑은 손끝에 있다"는 말이 있습니다. 말로만 걱정해 주는 '립 서비스lip service'는 거짓 사랑입니다. 참 사랑은 직접 손을 내밀어 사랑을 나누는 행함과 실천으로 표현됩니다. 우리 모두 이러한 믿음을 가진 사람들이 되기를 간절히 소원합니다.

□ 은혜 나누기
우리 가정이 '손끝의 사랑'을 실천할 수 있는 대상과 방법을 생각해 봅시다.
□ 공동 기도
하나님 아버지, 우리의 사랑이 필요한 곳에 우리의 시선과 마음이 향하게 해주세요. 혀끝의 사랑이 아니라 손끝의 사랑을 실천할 수 있게 해주세요.

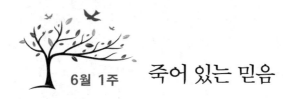

죽어 있는 믿음

6월 1주

□ 주님의 기도 주님이 가르쳐주신 기도로 가정예배를 시작합니다.

□ 찬송 부르기 213장(나의 생명 드리니)

□ 성경 읽기 야고보서 2:17

　※ 개역개정판

　¹⁷이와 같이 행함이 없는 믿음은 그 자체가 죽은 것이라.

　※ 메시지성경

　¹⁷하나님의 말만 앞세우고 하나님의 행함이 없다면, 그것은 터무니없는 것임이 분명하지 않습니까?

□ 말씀 나누기

　지난 시간에 묵상한 말씀에서 야고보는 행함이 없는 믿음은 사랑이 없는 믿음이라고 했습니다. 한걸음 더 나아가 '죽어 있는 믿음'이라고 선언합니다. 오늘 우리가 묵상할 내용입니다.

　말만 앞세우는 믿음

　야고보는 이렇게 말합니다. "이와 같이 행함이 없는 믿음은 그 자체가 죽은 것이라"(17절). 이에 대한 메시지성경의 풀이가 재미있습니다. "하나님의 말만 앞세우고 하나님의 행함이 없다면, 그것은 터무니없는 것임이 분명하지 않습니까?" 여기에서 '하나님의 말^{God-talk}'과 '하

나님의 행함God-acts'이 묘한 대조를 이루고 있다는 사실을 발견하게
됩니다.

말끝마다 '하나님'을 찾기는 하는데, 실제 삶에서 하나님의 말씀대
로 살아가는 행함과 실천은 조금도 찾아볼 수 없다는 것입니다. 그것
은 마치 "그리스도를 입으십시오!", "성령 충만하십시오!"라고 신앙적
인 조언은 해주면서, 그 말을 듣고 있는 형제가 누더기를 걸친 채 굶주
리고 있다는 사실에 대해서는 외면하고 있는 것과 같습니다. 그런 립
서비스가 바로 '하나님의 행함God-acts'이 없는 '하나님의 말God-talk'인
것입니다.

야고보는 행함이 없는 믿음은 그 자체가 이미 죽어 있는 것이라고
선언합니다. NIV 성경은 "만일 믿음에 행동이 동반되지 않는다면, 믿
음 그 자체만으로는 죽은 것이다"(Faith by itself, if it is not accompanied
by action, is dead)라고 합니다. '죽었다'는 것은 아무런 영향력이 없다
는 뜻입니다. 말만 앞세우는 믿음은 아무런 영향력이 없는 믿음이요,
그 어떤 변화도 일으키지 못하는 죽어 있는 믿음입니다.

사망선고 받은 믿음

자, 그런데 '죽었다', 또는 '살았다'를 결정짓는 기준이 무엇일까요?
사람의 죽음을 판단하는 데에는 세 가지 방법이 있습니다.

첫 번째는 호흡입니다. 숨을 쉬지 않으면 죽은 것입니다. 스스로
호흡을 못 하더라도 강제로 숨을 쉬게 하면 생명을 연장할 수 있습니
다. 그러나 그것도 임시방편일 뿐 결국은 죽게 됩니다. 두 번째는 심장
의 박동입니다. 심장이 멈추면 죽은 것입니다. 심장이 피를 공급하지
못하기 때문에 체온이 떨어집니다. 그래서 죽은 사람은 차갑습니다.
세 번째는 움직임입니다. 살아있는 사람은 항상 움직이게 되어 있습

니다. 심지어 자면서도 움직입니다. 그러나 죽은 사람은 움직이지 못합니다.

죽어 있는 믿음도 마찬가지입니다. 하나님을 믿지 않는 사람은 아예 믿음이 없으니 죽어 있는 믿음을 적용할 수도 없습니다. 문제는 교회 다니면서 신앙생활 하는 사람들입니다. 그들이 모두 살아 있는 믿음을 가지고 있으면 얼마나 좋겠습니까? 그러나 형식과 겉모습은 그럴듯하게 갖추고 있지만 실제로는 죽어 있는 믿음을 가진 사람들이 많이 있습니다. 그것을 어떻게 판단할 수 있을까요?

우선 호흡을 보면 압니다. 신앙생활에서 호흡은 기도입니다. 하나님과 영적으로 교통하는 호흡이 중단되어 있으면 그 믿음은 죽어 있는 상태입니다. 그다음은 뜨거운 심장을 가지고 있는지 보면 압니다. 뜨거운 심장은 따뜻한 사랑과 감격하는 마음입니다. 신앙생활을 통해서 아무런 감동을 받지 못하는 냉정하고 차가운 사람은 그 믿음이 죽어 있는 상태입니다. 마지막으로 봉사의 손길을 보면 압니다. 살아있는 믿음을 가진 사람은 어디에서든 하나님의 일을 합니다.

교회를 다닌다고 해서 모두 '살아 있는 믿음'을 가지고 있는 것은 아닙니다. 주일마다 교회에 나와서 예배를 드리고 말씀을 듣기도 하지만 그냥 '마음으로만' 믿는 그런 사람들이 많이 있습니다. 이런 분들은 주일 성수했다는 것으로 위안을 삼을 뿐, 실제로 일주일동안의 삶 속에서 말씀이 육신이 되어 그리스도의 향기가 되고, 하나님의 성전이 되어가는 그런 일들은 일어나지 않습니다. 야고보는 그런 믿음을 가리켜 '죽었다'고 표현합니다. 형식적인 믿음에 대한 사망선고입니다.

이 말씀은 우리에게 큰 도전이 아닐 수 없습니다. 현대 그리스도인들 중에 눈과 귀는 점점 높아지고 머리는 점점 커 가는데, 행함과 실천이 없어서 손과 발은 점점 오그라들어가는 기형적인 신앙인들이 많아지는 현실에 대한 경고입니다. 아모스는 '말씀을 듣지 못한 기갈'(암 8:11)을 예언했지만, 오늘날에는 '말씀대로 살지 못하는 죽어 있는 믿음'을 탄식해야 하는 그런 시대가 된 것입니다.

그렇다면 어떻게 해야 할까요? 마치 해골 골짜기 환상 가운데에서 하나님이 물으셨던 질문 앞에 선 에스겔과도 같습니다. "인자야, 이 뼈들이 능히 살 수 있겠느냐?"(겔 37:3). 우리에게는 방법이 없습니다. 그러나 '생기'가 들어가면 죽었던 시체들이라도 얼마든지 다시 살아나 큰 군대가 될 수 있습니다(겔 37:10). '생기生氣'가 무엇입니까? '하나님의 영'입니다. 성령이 임하시면 죽어 있는 믿음도 다시 살아날 수 있습니다.

따라서 우리가 해야 할 일은 말씀을 배우는 것과 동시에 '생기'에게 대언하는 것입니다. 성령님의 임재를 간구하는 것입니다. 그래야 죽어 있는 믿음이 살아납니다. 뜨겁게 기도하게 되고 뜨겁게 사랑하게 되고 뜨겁게 봉사하게 됩니다. 이와 같은 변화의 역사가 우리에게 나타나기를 간절히 소망합니다.

□ 은혜 나누기
'살아 있는 믿음'을 갖기 위해 우리 가정이 해야 할 일에 대해 나누어봅시다.
□ 공동 기도
하나님 아버지, 경건의 모양은 있지만 경건의 능력이 없는 우리를 불쌍히 여겨주세요. 우리 가정에 성령님이 임하셔서 살아 있는 믿음을 회복하게 도와주세요.

6월 2주   귀신의 믿음을 가진 자

□ **주님의 기도** 주님이 가르쳐주신 기도로 가정예배를 시작합니다.

□ **찬송 부르기** 374장(나의 믿음 약할 때)

□ **성경 읽기** 야고보서 2:18~19

※ 개역개정판

¹⁸어떤 사람은 말하기를 '너는 믿음이 있고 나는 행함이 있으니 행함이 없는 네 믿음을 내게 보이라 나는 행함으로 내 믿음을 네게 보이리라' 하리라. ¹⁹네가 하나님은 한 분이신 줄을 믿느냐. 잘하는도다. 귀신들도 믿고 떠느니라.

※ 메시지성경

¹⁸⁻¹⁹벌써 여러분 가운데 누군가가 '좋습니다. 당신이 믿음을 말으면, 나는 행함을 말겠습니다'라고 말하는 소리가 들립니다. 성급하게 판단하지 마십시오. 내가 행함이 없는 믿음을 보여줄 수 없듯이, 여러분도 믿음 없는 행함을 보여줄 수 없습니다. 믿음과 행함, 행함과 믿음은 떼려야 뗄 수 없는 관계입니다. 여러분은 한분이신 하나님을 믿는다고 공언하면서, 마치 그것으로 대단한 일을 했다는 듯이 뒷짐을 진 채 만족해하더군요. 참 대단하십니다. 마귀들도 그렇게 합니다만, 그것이 무슨 소용이 있겠습니까?

□ **말씀 나누기**

믿음 따로, 행함 따로

사람들은 바울과 야고보를 비교하기 좋아합니다. 바울은 '믿음'을 강조한 것에 비해서 야고보는 '행함'을 강조했다는 식으로 말입니다.

그러나 그러한 흑백논리로 양자를 비교하는 것은 적절하지 않습니다. 왜냐하면 야고보가 믿음 없는 행함만을 강조하지 않았듯이, 바울 또한 행함 없는 믿음만을 주장하지 않았기 때문입니다.

"그리스도 예수 안에서는 할례나 무할례나 효력이 없으되 사랑으로써 역사하는 믿음뿐이니라"(갈 5:6).

바울은 종교적 의무를 지켰다고 구원받는 것은 아니라는 사실을 분명히 합니다. 그보다 '사랑으로써 역사하는 믿음faith expressed in love'이 훨씬 더 중요하다고 말합니다. 믿음은 사랑으로 표현되어야 한다는 것이 바울의 분명한 확신입니다. 이는 야고보가 말한 '행함이 없는 믿음은 그 자체가 죽은 것'이라는 말과 크게 다르지 않습니다.

고린도전서 13장에서 바울은 "믿음, 소망, 사랑 중에 제일은 사랑이라"(13절)고 말했는데, 그것도 같은 맥락에서 이해될 수 있습니다. 만일 이신칭의以信稱義 교리를 최고로 생각했다면 이 대목에서 바울은 "믿음이 제일이라"고 주장해야 했습니다. 그러나 바울도 야고보와 마찬가지로 믿음은 사랑의 행함으로 표현되어야 한다고 가르치고 있는 것입니다.

그런데 여전히 믿음과 행함을 별개의 것으로 생각하는 사람들이 초대교회 당시에 많이 있었습니다. 바울의 이신칭의를 단지 말로만의 고백으로 구원 얻을 수 있는 것으로 오해하여, 자신의 고백에 대해 책임 있는 행동을 하지 않으려고 했던 것입니다. 그들에 대해서 야고보는 다음과 같이 언급합니다.

"어떤 사람은 말하기를 '너는 믿음이 있고 나는 행함이 있으니 행함이 없는 네 믿음을 내게 보이라. 나는 행함으로 내 믿음을 네게 보이리라' 하리라"(18절).

무슨 뜻입니까? '믿음 따로, 행함 따로'로 생각하는 사람들이 있었다는 것입니다. 그러나 믿음과 행함을 그런 식으로 분리하는 것은 불가능한 일입니다. 믿음과 행함은 마치 동전의 양면과 같아서 떼려야 뗄 수 없는 관계이기 때문입니다. 그런데 그것을 별개의 것으로 취급하려고 하는 것이지요.

귀신의 믿음

그들을 가리켜서 야고보는 '귀신의 믿음'을 가졌다고 하면서 신랄하게 비판합니다.

"네가 하나님은 한 분이신 줄을 믿느냐. 잘하는도다. 귀신들도 믿고 떠느니라"(19절).

귀신들도 한 분이신 하나님[唯一神]을 믿는다는 것입니다. 정말 귀신에게도 믿음이 있는 것일까요? 실제로 복음서를 자세히 읽어보면 보통 사람들보다 귀신들린 사람들이 먼저 예수님을 하나님의 아들로 고백하는 장면을 많이 발견할 수 있습니다(막 3:11; 5:7).

그렇습니다. 귀신들은 예수님이 어떤 분인지 더 잘 압니다. 예수님을 하나님의 아들로 믿는 믿음도 가지고 있었습니다. 그들은 심지어 지옥의 존재도 믿고 있었고 그곳이 얼마나 무서운지도 잘 알고 있었습니다(눅 8:31). 그러니 귀신의 믿음이 얼마나 대단합니까?

그러나 귀신의 믿음에는 심각한 문제가 하나 있습니다. 그것은 절대로 회개하지 않는다는 사실입니다. 삶의 태도를 바꾸지 않는다는 것입니다. '귀신같이' 알기는 하면서도 계속 하나님을 거역합니다. 예수님을 믿으면서도 결코 자신의 잘못을 고치지 않습니다. 그래서 귀신입니다.

'귀신의 믿음'은 '죽어 있는 믿음'과 더불어서 매우 충격적인 표현이 아닐 수 없습니다. 하나님을 믿는 것은 어떤 경우에도 참으로 잘하는 일입니다. 그러나 그 믿음이 지적인 동의로 그치고, 실제 삶에 아무런 변화가 나타나지 않는다면 그것은 죽어 있는 믿음입니다. 귀신이 가지고 있는 믿음입니다. 그런 믿음으로는 결코 구원에 이를 수 없는 것입니다.

진정한 믿음은 지식적인 차원에 머물러 있지 않습니다. 또한 감정적인 차원에서 끝나지 않습니다. 진정한 믿음은 실제 삶의 변화와 실천으로 나타납니다. '마음으로만 믿는 것'은 귀신들도 하는 일입니다. 마음으로 믿는 것이 진짜 믿음이 되려면 몸으로 나타나야 합니다. 하나님을 정말 믿는다면 교회에 나와 예배해야 합니다. 성경이 하나님의 말씀이라고 믿는다면 그 말씀대로 순종하며 살아가야 합니다. 그게 제대로 된 믿음입니다.

□ 은혜 나누기
하나님을 믿는다고 하면서도 예배에는 참석하지 않는 사람들에게 어떻게 권면해야 할까요? 함께 나누어봅시다.

□ 공동 기도
하나님 아버지, 지적으로는 동의하지만 몸으로는 동의하여 따르지 않는 우리의 믿음을 용서해주세요. 우리의 몸이 믿음을 고백하는 자리로 나아갈 수 있도록 성령님 우리를 이끌어주세요.

6월 3주 　아브라함의 믿음

▫ **주님의 기도** 주님이 가르쳐주신 기도로 가정예배를 시작합니다.

▫ **찬송 부르기** 92장(위에 계신 나의 친구)

▫ **성경 읽기** 야고보서 2:20~24

※ 개역개정판

²⁰아아 허탄한 사람아 행함이 없는 믿음이 헛것인 줄을 알고자 하느냐 ²¹우리 조상 아브라함이 그 아들 이삭을 제단에 바칠 때에 행함으로 의롭다 하심을 받은 것이 아니냐. ²²네가 보거니와 믿음이 그의 행함과 함께 일하고 행함으로 믿음이 온전하게 되었느니라 ²³이에 성경에 이른바 아브라함이 하나님을 믿으니 이것을 의로 여기셨다는 말씀이 이루어졌고 그는 하나님의 벗이라 칭함을 받았나니 ²⁴이로 보건대 사람이 행함으로 의롭다 하심을 받고 믿음으로만은 아니니라.

※ 메시지성경

²⁰⁻²⁴생각을 좀 해 보십시오! 여러분은 믿음과 행함을 갈라놓고도 그것을 계속 죽지 않게 할 수 있다고 생각하는 것입니까? 우리 조상 아브라함이 자기 아들 이삭을 번제단에 바칠 때 "행함으로 하나님과 바른 관계를 맺은" 것이 아닙니까? 믿음과 행함은 함께 멍에를 맨 동반자임이 분명하지 않습니까? 믿음은 행함으로 나타나는 것이 아닙니까? 행함이 '믿음의 행위'라는 것은 다 아는 사실이 아닙니까? 성경은 "아브라함이 하나님을 믿어 하나님과 바른 관계를 맺었다"고 했는데, 여기서 "믿는다"는 말의 온전한 의미는 그의 행위까지 담고

있습니다. 아브라함이 "하나님의 벗"이라는 이름을 얻게 된 것은, 그가 믿음과 행위를 하나로 조화시켰기 때문이 아닙니까? 사람이 하나님과 바른 관계를 맺는 것은, 열매 맺지 못하는 믿음으로 되는 것이 아니라, 행함으로 열매를 맺는 믿음으로 되는 것이 분명하지 않습니까?

□ 말씀 나누기

지금까지 야고보는 행함 없는 믿음에 대해서 다루면서 그것은 죽은 믿음이요 심지어 귀신의 믿음이라고 말했습니다. 그러나 이제부터는 '행함 있는 믿음'의 긍정적인 예를 들기 시작합니다. 그 첫 번째 본보기는 아브라함입니다.

행동하는 믿음

야고보는 먼저 "행함 없는 믿음은 헛것"(20절)이라고 선포합니다. 이에 대한 메시지성경의 풀이가 재미있습니다. "여러분은 믿음과 행함을 갈라놓고도 그것을 계속 죽지 않게 할 수 있다고 생각하는 것입니까?" 믿음과 행함을 갈라놓으면 둘 다 죽어버립니다. 그러니 행함이 없는 믿음은 헛것입니다.

그러면서 아브라함을 '행동하는 믿음'의 본보기로 설명합니다. "우리 조상 아브라함이 그 아들 이삭을 제단에 바칠 때에 행함으로 의롭다 하심을 받은 것이 아니냐"(21절). 야고보의 논점은 분명합니다. 진정한 믿음은 하나님의 말씀에 대한 즉각적인 순종의 행동으로 나타난다는 것입니다.

계속해서 야고보는 말합니다. "믿음이 그의 행함과 함께 일하고 행함으로 믿음이 온전하게 되었느니라"(22절). 이 말씀은 야고보서에서 가장 중요한 구절입니다. 이 부분을 메시지성경으로 읽으면 그 의미가 더욱 분명해집니다.

"믿음과 행함은 함께 멍에를 맨 동반자임이 분명하지 않습니까? 믿음은 행함
으로 나타나는 것이 아닙니까? 행함이 '믿음의 행위'라는 것은 다 아는 사실이
아닙니까?"(약 2:22, 메시지).

'믿음과 행함은 함께 멍에를 맨 동반자faith and works are yoked partners'라
는 말은 야고보의 논점을 가장 정확하게 짚어낸 표현입니다. '멍에'란
두 마리의 소가 함께 메는 도구입니다. 예수님께서 "나의 멍에를 메고
내게 배우라"(마 11:29)고 말씀하신 것도, 주님이 이미 메고 있는 멍에
의 나머지 한쪽을 함께 메자고 초청하시는 말씀입니다. 그렇습니다.
'믿음'만 가지고도 안 되고, '행함'만 가지고도 불완전합니다. 둘이 함
께 멍에를 메고 파트너가 될 때에 비로소 완전하게 되는 것입니다.

하나님의 벗

"아브라함이 하나님을 믿으니 이것을 의로 여기셨다"(23절)는 말
씀은 창세기 15장에서 인용한 것입니다(창 15:6). 바울은 이 말씀에 기
초하여 이신칭의以信稱義 교리를 세웠습니다. 그러나 야고보는 바울의
논점에서 한 걸음 더 나아가서 "의로 여기셨다"는 말씀이 완성된 시점
은 아브라함이 믿음의 행동을 보였을 때(창 22장)라고 말합니다.

만일 하나님의 약속을 믿는다고 하면서, 하나님의 말씀에 순종하
지 않았다면 그 믿음은 불완전한 것이 될 수밖에 없습니다. 그러나 아
브라함은 순종할 수 없는 그런 상황에서도 하나님의 말씀에 순종하여
행함으로써, 창세기 15장에서 보여준 그의 믿음이 진짜였음을 증명했
다는 것입니다. 그래서 야고보는 "이것을 의로 여기셨다는 말씀이 이
루어졌다"고 표현합니다.

메시지성경은 "믿는다는 말의 온전한 의미는 그의 행위까지 담고

있다"(The full meaning of believe includes his action)고 풀이합니다. 이 것은 야고보가 지금까지 계속해서 강조해온 말씀을 잘 요약하고 있습니다. 행동하지 않으면서 말로만 "믿습니다!"라고 하는 것은 진정한 믿음이 아닙니다. '믿는다'는 말에는 믿음의 행위까지 담고 있기 때문입니다.

또한 "의롭다함을 얻는다"는 것을 "하나님과 바른 관계를 맺는다."로 풀어 해석한 것도 아주 적절합니다. '의'는 '하나님과의 바른 관계'를 의미하기 때문입니다. 아브라함은 행동하는 믿음을 통해서 하나님과 바른 관계를 맺었고, 그것으로 인해서 아브라함은 황송하게도 '하나님의 벗'이라는 이름까지 얻게 되었습니다.

우리들도, 믿음의 조상 아브라함처럼, 하나님의 벗으로 불러주실 수 있다면 참 좋겠습니다. 위기를 모면하기 위한 수단이나, 세상적인 욕심을 채우기 위한 방편이 아니라, 하나님을 사랑하고 믿기 때문에 기꺼이 자원하는 마음으로 말씀에 순종하여 따르는 신앙생활이 되면 참 좋겠습니다.

□ 은혜 나누기
지금 나와 하나님의 관계는 어떤 상태에 있는지 함께 나누어봅시다.
□ 공동 기도
하나님 아버지, 우리 가정에서는 믿음과 행함이 나누어지지 않게 해주세요. 믿는 대로 살아갈 수 있게 해주세요. 그리하여 우리들도 아브라함처럼 하나님의 벗이 되어 하나님과 동행하며 살아갈 수 있게 해주세요.

6월 4주

라합의 믿음

▢ **주님의 기도** 주님이 가르쳐주신 기도로 가정예배를 시작합니다.

▢ **찬송 부르기** 421장(내가 예수 믿고서)

▢ **성경 읽기** 야고보서 2:25~26

※ 개역개정판

²⁵또 이와 같이 기생 라합이 사자들을 접대하여 다른 길로 나가게 할 때에 행함으로 의롭다 하심을 받은 것이 아니냐. ²⁶영혼 없는 몸이 죽은 것 같이 행함이 없는 믿음은 죽은 것이니라.

※ 메시지성경

²⁵⁻²⁶여리고의 창녀 라합의 경우가 그러했습니다. 하나님이 그녀를 귀하게 여기신 것은, 하나님의 정탐꾼들을 숨겨 주고 그들의 탈출을 도운 행위, 곧 믿음과 행함의 빈틈없는 일치 때문이 아니었습니까? 여러분이 육체와 영을 분리시키는 바로 그 순간에, 여러분은 싸늘한 시체가 되고 맙니다. 믿음과 행함을 분리시켜 보십시오. 여러분이 얻을 것은 시체뿐입니다.

▢ **말씀 나누기**

야고보는 아브라함의 예를 들어 믿음으로만이 아니라 행함으로 의롭다 하심을 받는다는 것을 설명했습니다. 계속해서 야고보는 행동하는 믿음의 본보기로 또 다른 인물을 언급합니다. 그 사람은 뜻밖에도 기생 라합이었습니다.

기생 라합 이야기

아브라함은 누구나 믿음의 조상으로 인정하는 사람입니다. 그러나 라합을 믿음의 본보기로 소개하는 것은 뜻밖입니다. 라합은 '여자'였고, '이방인'이었고, 게다가 '기생'이었기 때문입니다. 야고보는 왜 하필 기생 라합을 굳이 선택하여 행동하는 믿음의 본보기로 삼고 있는 것일까요?

여기에는 특별한 의도가 있습니다. 직접적으로는 바울의 이방인 선교를 고려한 선택이었습니다. 사실 바울의 '이신칭의'의 교리는 이방인 선교에 대한 관심이 동기가 되고 있습니다. 할례를 받지 않은 이방인들이라고 하더라도 오직 믿음으로 의롭다 하심을 받을 수 있다는 것이 바울의 강조점이었습니다.

그것을 잘 알고 있던 야고보는 '행동하는 믿음'의 논점에서 이방인이요 기생이었던 라합이 어떻게 구원을 받을 수 있었는지를 설명하려고 했습니다. 그렇게 함으로써, 단지 믿음으로만이 아니라 행함으로 이방인들도 구원을 받을 수 있다는 것을 주장하려고 했던 것입니다.

기생 라합 이야기는 여호수아 2장에 기록되어 있습니다. 여호수아가 이스라엘 백성들을 이끌고 가나안에 들어가기 전에 정탐꾼 두 사람을 여리고성에 보냅니다. 이들을 숨겨주고 들키지 않고 도망갈 수 있도록 도와주었던 사람이 바로 라합이었습니다. 왜 라합은 그들을 도와주었을까요?

왜냐하면 여호와 하나님을 믿었기 때문입니다. 하나님께서 가나안 땅을 이스라엘 백성에게 주시려고 하신다는 것을 믿었습니다. 출애굽할 때의 홍해 사건도 여호와 하나님이 행하신 일이라고 믿었습니다. 아모리 사람들을 전멸시킨 일도 하나님이 하셨음을 믿었습니다. 그래서 라합은 죽음에서 구원받을 길은 오직 하나님 편에 서는 것밖에 없다고 판단했고, 그 믿음을 실제로 정탐꾼을 도와줌으로써 표현했습니다. 그것으로 인해 라합뿐만 아니라 그의 온 가족이 모두 구원을 받게 된 것입니다.

믿음은 이런 것입니다. 믿음은 행동의 변화와 선택의 변화를 가져옵니다. 마음으로만 믿는다고 구원받는 것이 아닙니다. 믿음이 행함으로 나타날 때에 구원받는 것입니다. 그것은 이스라엘 백성이든 이방인이든 차별이 없습니다. 이렇게 본다면 야고보가 기생 라합을 아브라함과 더불어서 진정한 믿음의 좋은 본보기로 등장시킨 것은 아주 탁월한 선택이 아닐 수 없습니다.

죽은 믿음

야고보의 결론은 이것입니다. "영혼 없는 몸이 죽은 것 같이 행함이 없는 믿음은 죽은 것이니라"(26절). 이 부분을 메시지성경은 이렇게 번역합니다. "여러분이 육체와 영을 분리시키는 바로 그 순간에, 여러분은 싸늘한 시체가 되고 맙니다. 믿음과 행함을 분리시켜 보십시오. 여러분이 얻을 것은 시체뿐입니다."

야고보는 무엇을 말하고 싶어 합니까? 믿음과 행함은 결코 분리해서는 안 된다는 것입니다. 그러나 지금까지의 기독교 역사는 불행하게도 믿음과 행함을 분리해온 역사였습니다. 로마 가톨릭은 '행함'을 선택했고, 이에 반발하여 종교개혁자들은 '믿음'을 선택했습니다. 종교개혁자들은 바울의 신학에 기초하여 '오직 믿음!'이라는 구호를 외쳤습니다. 마틴 루터는 야고보서를 '지푸라기 서신'이라고까지 평가절하했습니다.

그러나 믿음과 행함을 분리시키면 시체만 남습니다. 로마가톨릭이 선택한 '믿음 없는 행함'은 결국 면죄부 판매를 정당화하는 논리로

까지 발전했습니다. 반면 '행함 없는 믿음'은 구원에 대한 인간의 책임을 원천적으로 막아버렸습니다. 하나님을 믿는다고 하면서 실제로는 아무것도 행하지 않는 그런 이상한 신앙인들을 양산하게 된 것입니다. 오래전에 야고보가 경고한 '죽은 믿음'을 만들어 온 것입니다.

하나님은 우리들이 살아있는 온전한 믿음을 갖기를 원하십니다. 우리는 분명 믿음으로 구원받습니다. 그러나 그 믿음은 행함을 포함하고 있습니다. 믿음과 행함은 일심동체一心同體입니다. 믿음은 행함으로 나타나고, 행함은 믿음에 뿌리를 두고 있습니다. 예수 그리스도에 대한 믿음은 예수님이 주인 되는 삶으로 나타납니다. 하나님을 믿는 믿음은 그 말씀에 대한 순종으로 나타납니다. 그 믿음이 구원의 역사를 일으킵니다.

우리 모두 온전한 생활신앙을 통해서 하나님께 기쁨을 드리고 우리 삶에는 하나님의 은혜가 풍성하게 넘치게 되기를 간절히 소망합니다.

□ 은혜 나누기
나의 믿음은 '죽은 믿음'입니까? 아니면 '산 믿음'입니까? 함께 나누어봅시다.
□ 공동 기도
하나님 아버지, 기생 라합은 하나님을 믿음으로 하나님 편을 선택했고 정탐꾼을 도와주는 행동을 통해 구원받았습니다. 우리들도 행동하는 믿음을 가지고 살아갈 수 있게 도와주세요.

갈등을 넘어서는 지혜
(7 ~ 9월)

말의 능력

7월 1주

□ 주님의 기도 주님이 가르쳐주신 기도로 가정예배를 시작합니다.

□ 찬송 부르기 453장(예수 더 알기 원하네)

□ 성경 읽기 야고보서 3:3~5a

※ 개역개정판

[3]우리가 말들의 입에 재갈 물리는 것은 우리에게 순종하게 하려고 그 온 몸을 제어하는 것이라. [4]또 배를 보라. 그렇게 크고 광풍에 밀려가는 것들을 지극히 작은 키로써 사공의 뜻대로 운행하나니 [5a]이와 같이 혀도 작은 지체로되 큰 것을 자랑하도다.

※ 메시지성경

[3-5a]말의 입에 물린 재갈이 말의 온몸을 통제합니다. 큰 배라도 능숙한 선장의 손에 작은 키가 잡혀 있으면, 그 배는 아무리 거센 풍랑을 만나도 항로를 벗어나지 않습니다. 여러분의 입에서 나오는 말이 하찮아 보이지만, 그 말은 무슨 일이든 성취하거나 파괴할 수 있습니다!

□ 말씀 나누기

말에는 능력이 있습니다. 말 한마디로 천 냥 빚을 갚기도 하고, 말 한마디로 평생 원수가 되어 살기도 합니다. 말의 능력을 잘 사용하는 사람은 지혜로운 사람이지만, 기분 내키는 대로 함부로 말하는 사람은 어리석은 사람입니다.

재갈과 방향키

야고보는 말의 능력에 대해 두 가지 비유로 설명합니다. 먼저 말馬
의 입에 물린 '재갈'로 설명합니다.

"우리가 말들의 입에 재갈을 물리는 것은 우리에게 순종하게 하려고 그 온 몸
을 제어하는 것이라"(3절).

말들이 아무리 거칠고 힘이 세다고 하더라도 입에 재갈을 물리면
사람의 통제에 따라서 순종하게 되어 있습니다. 말의 입 부분을 통제
함으로써 말 전체를 통제할 수 있게 된다는 것입니다. 그러니까 '작은
것'은 작은 것이 아닙니다. 그 작은 것에 전체가 달려있기 때문입니다.
사람에게 있어서도 마찬가지입니다. '혀'가 사람의 온 몸에 비하면 지
극히 작은 것이지만 온 몸은 바로 그 혀에 달려있습니다.

그다음은 배船의 '방향키'로 설명합니다.

"또 배를 보라. 그렇게 크고 광풍에 밀려가는 것들을 지극히 작은 키로써 사공
의 뜻대로 운행하나니 이와 같이 혀도 작은 지체로되 큰 것을 자랑하도
다"(4-5a절).

배는 방향키로 조종합니다. 전체적인 배의 규모에 비하면 방향키
는 아주 작은 부분입니다. 그러나 그 작은 방향키로 배 전체를 움직입
니다. 아무리 거센 풍랑을 만나도 능숙한 사공이 키를 잡고 있으면,
배는 항로를 벗어나지 않습니다. 결국 사공의 뜻대로 배는 안전하게
목적지까지 갈 수 있습니다. 물론 그와 반대로 서툰 사공이 그 키를
잡고 있으면, 배가 위험에 빠질 수도 있습니다.

사람에게 있어서 혀는 바로 방향키에 해당됩니다. 혀는 몸 전체에
비하면 지극히 작은 지체입니다. 그러나 몸 전체와 삶 전체, 아니 인생
전체를 결정할 만큼 강력한 힘을 가지고 있습니다. "혀도 작은 지체로
되 큰 것을 자랑하도다"를 메시지성경은 "여러분의 입에서 나오는 말

이 하찮아 보이지만, 그 말은 무슨 일이든 성취하거나 파괴할 수 있습니다"로 풀이합니다.

정말 그렇습니다. 말에는 능력이 있습니다. 긍정적인 능력과 부정적인 능력이 있습니다. 말로 인해서 사람이 살아나기도 하고 죽기도 합니다.

말씀은 곧 현실이다

하나님은 말씀으로 천지만물을 창조하셨습니다. 예수님도 말씀으로 기적을 일으키셨습니다. 물이 포도주가 될 때도, 바디매오가 눈을 뜰 때도, 죽은 나사로가 살아날 때도, 거친 바다가 잠잠해질 때도 예수님은 말씀하셨고, 그 말씀이 곧 현실이 되었습니다. 하나님은 인간에게도 말씀의 능력을 주셨습니다. 믿음으로 순종하면 말이 그대로 이루어집니다.

> "내가 진실로 너희에게 이르노니 누구든지 이 산더러 들리어 바다에 던져지라 하며 그 말하는 것이 이루어질 줄 믿고 마음에 의심하지 아니하면 그대로 되리라"(막 11:23b).

말이 씨앗이 되고 현실이 됩니다. 그런데 우리는 말에 대해서 그리 심각하게 생각하지 않습니다. 그래서 말을 긍정적이고 건설적으로 사용하기보다는 오히려 부정적이고 파괴적으로 사용하곤 합니다. 말의 능력을 알지 못하기 때문입니다.

이를테면 부모가 자녀에게 화를 내면서 "빌어먹을 놈아!"라고 야단친다고 합시다. 실제로 자기 자녀가 남에게 빌어먹으면서 사는 노숙자가 되기를 원하는 부모는 없을 겁니다. 그런데 그렇게 함부로 말하는 경우가 많이 있습니다. 그런 말은 단지 자녀에게 상처만 주는 것으로 그치지 않습니다. 실제로 이루어지기도 한다는 사실을 알아야 합니다.

가나안 땅을 정탐하고 돌아온 사람들이 불평했습니다. "우리가 애굽 땅에서 죽었거나 이 광야에서 죽었으면 좋았을 것을…"(민14:2). 그 말을 듣고 하나님이 그들에게 뭐라고 말씀하셨습니까? "너희 말이 내 귀에 들린 대로 내가 너희에게 행하리니…"(민14:28). 실제로 그렇게 불평했던 사람들은 모두 광야에서 죽고 말았습니다.

기억하십시오. 하나님은 우리의 말을 듣고 계십니다. 그리고 그 말을 이루십니다. 부정적으로 사용하면 파괴적인 결과를, 긍정적으로 사용하면 건설적인 결과를 이루십니다. 말이 작은 것 같지만 인생을 움직입니다. 하나님의 말씀으로 우리의 말이 통제되어야 합니다. 앞으로는 믿음의 말, 긍정적인 말, 축복의 말, 세우는 말을 하면서 살아가는 우리 가정이 되기를 간절히 소망합니다.

▢ 은혜 나누기

나는 어떤 말을 많이 한다고 생각합니까? 긍정적인 말입니까? 아니면 부정적인 말입니까? 함께 나누어봅시다.

▢ 공동 기도

하나님 아버지, 서로에게 말로 상처를 주고받으면서 살아왔던 우리의 어리석음을 용서해주세요. 이제부터는 다른 사람을 살리는 말, 용기와 위로를 주는 말을 할 수 있도록 우리의 마음과 입술을 다스려주세요.

7월 2주

불의의 혀

□ **주님의 기도** 주님이 가르쳐주신 기도로 가정예배를 시작합니다.

□ **찬송 부르기** 424장(아버지여 나의 맘을)

□ **성경 읽기** 야고보서 3:5b~6

  ※ 개역개정판

  5b 보라, 얼마나 작은 불이 얼마나 많은 나무를 태우는가. 혀는 곧 불이요 불의
  의 세계라. 6 혀는 우리 지체 중에서 온 몸을 더럽히고 삶의 수레바퀴를 불사르
  나니 그 사르는 것이 지옥 불에서 나느니라.

  ※ 메시지성경

  5b-6 잊지 마십시오. 아주 작은 불꽃이라도 큰 산불을 낼 수 있습니다. 여러분
  의 입에서 나오는 부주의한 말이나 부적절한 말이 그 같은 일을 합니다. 우리
  는 말로 세상을 파괴할 수도 있고, 명성에 먹칠을 할 수도 있고, 지옥 구덩이
  에서 올라오는 연기처럼 온 세상을 허망하게 사라지게 할 수도 있습니다.

□ **말씀 나누기**

  언젠가 한적한 시골길을 지나다가 어느 초등학교의 담벼락에 걸린
불조심 현수막을 본 적이 있습니다. 그 내용이 아주 인상적이었습니
다. "작은 불씨 우습게 여기면 불씨가 화火를 냅니다!" 그렇습니다. 작
은 불이라고 우습게 여기다가는 정말 큰코다칩니다. 우습게 여겼던
작은 불씨가 산 전체를 불살라 버릴 수 있기 때문입니다.

혀의 파괴력

야고보는 말합니다. '혀는 곧 불'이라고…. 남에 대해서 수군거리는 말을 하면 그것이 순식간에 다른 사람에게 퍼져나갑니다. 근거 없는 소문이 산불처럼 크게 부풀려지기도 합니다. 그렇게 되면 당사자는 물론이고 엉뚱한 사람까지도 어려움에 처하게 됩니다. 우리는 혀가 갖고 있는 이런 파괴력을 결코 우습게 여기면 안 됩니다.

또한 혀는 '불의의 세계'라고 합니다. NIV 성경은 '우리 몸의 지체들 가운데 악한 세상a world of evil among the parts of the body'이라고 번역합니다. 죄는 우리 몸의 지체들 가운데 '눈'을 통해서 침투해 들어오고, '입'을 통해서 밖으로 나갑니다. 주님도 "입에서 나오는 것이 사람을 더럽게 한다"(마 15:11)고 말씀하셨습니다. 야고보가 혀를 불의의 세계라고 한 것도 같은 뜻입니다.

이 혀를 잘못 사용하게 되면 "온 몸을 더럽히고 삶의 수레바퀴를 불사르게 된다"(6a절)고 야고보는 경고합니다. 다른 사람에게 상처를 줄 뿐만 아니라 자기 자신도 더럽힌다는 것입니다. 그 사람이 아무리 많은 부를 소유하고 대단한 지식을 가지고 있다고 하더라도 혀를 잘못 사용하면 그 사람의 인격이 더럽혀집니다.

어떤 사람들은 함부로 말을 해놓고 농담으로 그랬다고 변명하곤 합니다. 그것이 자신의 인생을 가치 없는 존재로 만든다는 사실을 잘 모릅니다. 더럽고 가치 없는 농담은 결국 인생의 수레바퀴에 불을 지르게 됩니다. 생각해 보십시오. 수레바퀴에 불이 붙으면 어떻게 될까요? 수레 위에 아무리 많은 재물이 쌓여있고 아무리 많은 책이 쌓여있어도 모두 타버리고 말 것입니다.

"공든 탑이 무너지랴?" 하지만, 얼마든지 공든 탑도 무너집니다! 그것도 말 한마디에 맥없이 무너집니다. 그런데 사람들은 왜 말의 능력을 이렇게 부정적이고 파괴적으로만 사용하는 것일까요? 단지 잘 몰라서 그러는 것일까요? 그것으로는 충분한 설명이 되지 않습니다.

사탄의 계략

야고보는 여기에 분명한 이유가 있다고 설명합니다. "그 사르는 것이 지옥 불에서 나느니라"(6b절). 지옥은 사탄에게 종노릇 하는 사람들이 심판을 받게 될 곳입니다. 사탄은 인간들을 지옥으로 이끌어가려고 애를 씁니다. 그러려면 죄를 짓게 해야 합니다. 가장 쉬운 방법이 바로 '말'입니다. 말을 함부로 하게 만들고, 말로 죄를 짓게 하고, 말로 다른 사람들에게 상처를 주게 하고, 인생을 무가치한 것으로 만들어 버리게 하는 이 모든 일의 배후에 사탄이 있다는 사실을 우리는 기억해야 합니다.

욥 이야기에도 사탄이 등장합니다. 사탄은 "욥이 까닭 없이 하나님을 경외하겠느니까?" 하면서 욥을 참소합니다. 그래서 욥에 대한 고난이 허락되었지요. 욥은 하루아침에 재산과 자녀들을 모두 잃어버렸습니다. 심지어 자신의 건강까지도 잃었습니다. 아내가 옆에서 바가지를 긁습니다. "차라리 하나님을 욕하고 죽어버리라!"고 말합니다. 그때 욥이 뭐라고 그랬습니까?

"그대의 말이 한 어리석은 여자의 말 같도다. 우리가 하나님께 복을 받았은즉 화도 받지 아니하겠느냐 하고 이 모든 일에 욥이 입술로 범죄하지 아니하니라"(욥 2:10).

사탄의 계략은 입술로 범죄하게 만드는 것입니다. 욥의 아내는 그 계략에 넘어갔습니다. 하나님을 욕하고 남편을 저주했습니다. 입술을 통해서 온갖 악을 쏟아냈습니다. 그러나 욥은 사탄의 계략에 넘어가지 않았습니다. 그 입술로 하나님을 찬양하고 범죄하지 않았던 것입니다.

사탄은 우리의 입술을 통제함으로써 자신의 종으로 삼으려고 합니다. 특히 입술로 죄악을 쏟아놓게 함으로써 지옥 불로 이끌어 가려고 합니다. 우선 우리의 온몸을 더럽히게 합니다. 그리고 다른 사람에게 상처를 주게 하고 인간관계를 파괴시킵니다. 인생의 수레바퀴에 불을 질러버리고 결국 망하게 합니다. 정신 차려야 합니다. 그러지 않으면 우리도 모르는 사이에 사탄의 종노릇을 하게 되어 있습니다.

무엇보다 '불의의 혀'를 조심해야 합니다. 작은 불이라고 우습게 여기면 불이 화(火)를 냅니다. 욥처럼 하나님의 말씀과 찬양으로 우리의 입술을 지켜야 합니다. 불평하고 원망하면 그대로 됩니다. 찬양하고 기도하면 또한 그대로 됩니다. 마음에 선을 쌓아 놓고 그것을 말로 표현하면서 살아가는 우리 가정이 되기를 간절히 소망합니다.

□ 은혜 나누기

누군가의 말 한마디로 인해 큰 위로를 받았던 경험을 함께 나누어봅시다.

□ 공동 기도

하나님 아버지, 말을 통해 우리를 넘어뜨리려고 하는 사탄의 속임수에 넘어가지 않게 해주세요. 우리 입술의 모든 말과 마음의 묵상이 언제나 하나님이 기뻐하실만한 것이 될 수 있도록 우리의 삶을 온전히 다스려주세요.

7월 3주 길들일 수 없는 혀

□ 주님의 기도 주님이 가르쳐주신 기도로 가정예배를 시작합니다.

□ 찬송 부르기 274장 (나 행한 것 죄뿐이니)

□ 성경 읽기 야고보서 3:7~8

　　※ 개역개정판

　　⁷여러 종류의 짐승과 새와 벌레와 바다의 생물은 다 사람이 길들일 수 있고 길

　　들여 왔거니와 ⁸혀는 능히 길들일 사람이 없나니 쉬지 아니하는 악이요 죽이

　　는 독이 가득한 것이라.

　　※ 메시지성경

　　⁷⁻⁸두려운 일이 아닐 수 없습니다. 여러분이 호랑이는 길들일 수 있지만, 혀는

　　길들일 수 없습니다. 이제껏 혀를 길들인 사람은 아무도 없었습니다. 혀는 사

　　납게 날뛰는, 무자비한 살인자입니다.

□ 말씀 나누기

　혀는 작지만 큰 능력이 있습니다. 사람을 죽일 수도 있고 살릴 수
도 있습니다. 선한 말은 분쟁을 화해로 이끌며, 실망한 사람을 위로하
여 다시 일어서게 만들어 줍니다. 그러나 악한 말은 분쟁을 일으키고,
우정을 파괴하며, 가정을 무너뜨립니다. 그런데 사람들은 대부분 부
정적으로 말을 사용합니다. 지옥불로 이끌어가는 사탄의 계략에 속고
있기 때문입니다.

아무리 그렇다고 하더라도 우리가 스스로 혀를 길들일 수만 있다면 얼마든지 긍정적으로 사용할 수 있을 겁니다. 문제는 우리 자신의 힘으로 혀를 길들일 수 없다는 사실입니다.

인간의 특권

야고보는 말합니다. "여러 종류의 짐승과 새와 벌레와 바다의 생물은 다 사람이 길들일 수 있고 길들여 왔거니와 혀는 능히 길들일 사람이 없다." 메시지성경은 "여러분이 호랑이는 길들일 수 있지만, 혀는 길들일 수 없습니다"라고 풀이합니다.

모든 생물을 길들일 수 있는 것은, 하나님이 사람에게 주신 특권입니다. 천지창조 후에 하나님은 인간에게 말씀하셨습니다. "생육하고 번성하여 땅에 충만하라. 땅을 정복하라. 바다의 물고기와 하늘의 새와 땅에 움직이는 모든 생물을 다스리라"(창 1:28). 땅을 정복하고 모든 생물을 다스리는 것은 취사선택의 문제가 아니라 하나님의 명령이며, 동시에 인간에게 부여된 권세였습니다.

시편 기자는 말합니다. "주의 손으로 만드신 것을 다스리게 하시고 만물을 그의 발아래 두셨으니 곧 모든 소와 양과 들짐승이며 공중의 새와 바다의 물고기와 바닷길에 다니는 것이니이다"(시 8:6-8). 사람에게 만물을 다스릴 수 있는 권세를 주셨다는 것은, 만물이 사람의 다스림에 순종하도록 창조되었다는 뜻입니다. 그렇기 때문에 사람들은 짐승과 새와 벌레와 바다의 생물까지도 길들일 수 있고, 또한 길들여 왔던 것입니다.

그런데 오늘 본문에서 야고보는 사람 자신의 '혀'는 길들일 수 없다고 단정하여 말합니다. 모든 피조물들은 사람이 다 길들일 수 있지만 자신의 혀는 길들일 수 없다고 하는 이유가 무엇일까요?

인간의 타락

그것은 인간이 죄로 인해 타락했기 때문입니다. 타락한 죄의 본성을 가진 인간은 스스로를 다스릴 수 없습니다. 혀를 다스리는 것은 더더욱 그렇습니다. 그래서 야고보는 혀를 가리켜 '쉬지 아니하는 악restless evil'이요, '죽이는 독이 가득한 것full of deadly poison'이라고 말합니다. 죄의 본성이 혀를 통해서 쉬지 않고 나옵니다. 다스려지지 않는 혀가 있는 한, 악은 쉬지 않고 생산됩니다. 죽이는 독이 쉬지 않고 만들어집니다. 그것으로 인해서 수많은 사람들이 상처를 입고 고통스러워합니다.

이 부분을 메시지성경은 "혀는 사납게 날뛰는, 무자비한 살인자입니다"라고 표현합니다. 길들여지지 않은 야생 동물에 의해서 가끔씩 사람들이 희생당하는 것을 봅니다. 혀도 마찬가지입니다. 길들여지지 않은 혀는 '무자비한 살인자a wanton killer'입니다. 몸에 난 상처는 시간이 지나면 회복되지만, 마음에 받은 모욕의 상처는 평생 낫지 않습니다. 총칼로 죽은 사람보다 독설毒舌로 죽은 사람의 숫자가 훨씬 더 많습니다.

그렇다면 우리는 어떻게 해야 할까요? 그렇게 무자비한 살인자를 그냥 방치해 두어야 할까요? 수많은 사람들에게 해를 끼치는 것을 그냥 보고만 있어야 할까요? 이 문제를 해결할 수 있는 방법은 전혀 없을까요?

방법이 있습니다. 혀를 다스리고 나 자신을 다스리기 위해서는 나의 힘에서 출발하면 안 됩니다. 여기에는 외부의 힘이 필요합니다. 나의 혀가 성령에 붙들려야 합니다. 그때부터 생각과 마음이 거듭나기 시작하고 그제야 혀를 다스릴 수 있게 됩니다. 혀가 성령에 붙들려야 '쉬지 아니하는 악'을 끊고 전혀 새로운 도구, 성령의 도구로 사용될 수 있습니다. 우리에게 기도가 필요한 이유가 바로 여기에 있습니다.

우리는 인생의 심각한 문제를 만났을 때 하나님께 기도합니다. 건강의 문제나 경제적인 문제를 놓고는 간절히 기도합니다. 그러나 "내 혀를 다스려 달라"고 기도하지는 않습니다. 왜 그럴까요? 혀가 사납게 날뛰는 '무자비한 살인자'라는 사실을 깨닫지 못하기 때문입니다. 말의 문제를 그렇게 심각하게 생각하지 않기 때문입니다. 조금만 노력하면 우리 자신의 힘으로 얼마든지 통제할 수 있다고 생각하기 때문입니다.

그러나 야고보는 분명히 말합니다. 혀를 다스릴 수 있는 사람은 이 세상에 없다고 말입니다. 혀를 다스리는 것은 사람의 능력과 한계를 벗어나는 일입니다. 그것은 성령님의 특별한 도움이 없이는 불가능합니다. 그래서 우리는 이 문제를 놓고도 간절히 기도해야 합니다. 성령의 도우심을 간구해야 합니다. 성령께서 우리의 삶을 다스려주시고, 특히 혀를 다스려주시기를 간구해야 합니다. 그것이 우리 영혼을 살리는 길이요, 또한 다른 사람을 살리는 길입니다.

□ 은혜 나누기
혀를 다스려 달라고 하나님께 기도한 적이 있는지 함께 나누어봅시다.

□ 공동 기도
하나님 아버지, 우리에게 성령을 부어주세요. 성령의 능력으로 우리의 혀를 다스려주세요. 그리하여 말로 저지르는 모든 악행을 멈추게 하시고, 오직 의로운 입술의 열매를 거둘 수 있도록 우리를 도와주세요.

7월 4주

한 입에 두 말

□ 주님의 기도 주님이 가르쳐주신 기도로 가정예배를 시작합니다.

□ 찬송 부르기 425장(주님의 뜻을 이루소서)

□ 성경 읽기 야고보서 3:9~10

※ 개역개정판

⁹이것으로 우리가 주 아버지를 찬송하고 또 이것으로 하나님의 형상대로 지음을 받은 사람을 저주하나니 ¹⁰한 입에서 찬송과 저주가 나오는도다. 내 형제들아 이것이 마땅하지 아니하니라.

※ 메시지성경

⁹⁻¹⁰우리는 혀로 하나님 우리 아버지를 찬양하기도 하고, 바로 그 혀로 하나님이 자기 형상대로 지으신 사람들을 저주하기도 합니다. 한 입에서 저주도 나오고 찬양도 나옵니다. 친구 여러분, 그런 일이 계속 일어나서는 안 됩니다.

□ 말씀 나누기

야고보가 말의 문제를 심각하게 다루는 이유는 '생활신앙'에 대한 그의 관심 때문입니다. 믿음은 행함으로 실천되어야 합니다. 믿음은 삶으로 풀어져야 합니다. 행함으로써 믿음이 온전하게 되어야 한다는 것이 야고보의 분명한 확신입니다.

그런데 믿는 대로 살아가려고 했을 때 가장 먼저 만나는 장애물이 바로 '말'입니다. 언어생활을 거치지 않으면서 '삶으로 풀어지는 믿음'

을 논할 수 없습니다. 그래서 말의 문제를 다루고 있는 것입니다. 지금까지는 말에 대한 일반적인 원칙을 설명해왔지만, 이제부터는 본격적으로 신앙생활과 관련하여 설명하기 시작합니다.

찬송과 저주

야고보는 말합니다. "이것으로 우리가 주 아버지를 찬송하고 또 이것으로 하나님의 형상대로 지음을 받은 사람을 저주하나니 한 입에서 찬송과 저주가 나오는도다." 여기에서 '이것'은 물론 '혀'를 가리킵니다.

'주 아버지를 찬송하는 것'은 신앙생활에서 '신앙'에 해당되는 일입니다. 그리고 '사람을 저주하는 것'은 '생활'과 관련되는 일입니다. 교회에 나와서 예배하면서 하나님을 찬양하는 것은 믿음입니다. 하나님을 믿기 때문에 찬송합니다. 그런데 그 믿음은 삶에 바르게 적용되어야 합니다.

생활은 다른 사람과의 관계 속에서 살아가는 일입니다. 내가 하나님의 형상으로 지음을 받았다면 다른 사람 역시 하나님의 형상으로 지음 받은 고귀한 존재입니다. 그렇다면 하나님을 찬양하는 사람들은 또한 다른 사람들을 축복해야 합니다. 그게 생활로 실천되는 신앙의 바른 모습입니다.

그런데 실제로는 어떻습니까? 그러지 못합니다. 하나님을 찬양하는 사람들이 다른 사람을 축복하고 세워주고 살리는 말을 하지 않습니다. 오히려 저주하고 깎아내리고 죽이는 말을 너무나 쉽게 합니다. 한편으로는 하나님을 믿으면서 다른 한편으로는 전혀 믿음과 어울리지 않는 말을 하는 것입니다. 이것이 바로 신앙과 생활의 괴리 현상입니다. 생활로 실천되는 신앙이 아니라 생활과 상관없는 신앙이 되고 있는 것이지요.

마땅하지 않다

야고보는 선언합니다. "내 형제들아 이것이 마땅하지 아니하니라." NIV 성경은 더욱 강하게 표현합니다. "형제들아, 이래서는 안 되는 거야!"(My brothers, this should not be!). 예수 믿는 사람들은 이러면 안 됩니다. 그런데 이러면서 사는 그리스도인이 많다는 것이 문제입니다. 교회 안에서는 마음 착한 천사 같은데, 교회 밖에서는 함부로 욕하고 저주하는 악한 마귀가 되기도 합니다. 지킬 박사와 하이드는 단지 소설 속에만 등장하는 인물이 아닙니다. 우리 자신의 모습인지도 모릅니다.

인간의 마음에는 선과 악의 분열이 있습니다. 각자의 경험을 통해 우리는 그것을 너무나 잘 알고 있습니다. 하나님께 순종하는 마음이 강할 때는 선의 지배를 받지만, 불순종하는 마음이 강할 때는 죄의 지배를 받습니다. 그런데 이와 같은 양면성이 가장 먼저 나타나는 곳이 바로 '혀'입니다. 하나님을 찬양하고 기도하던 똑같은 혀로 이웃을 비난하고 정죄하는 이중성을 보이는 것입니다.

왜 그럴까요? 왜 인간의 마음속에 이런 두 가지 정반대되는 모습이 자리를 잡고 있는 것일까요? 하나님께서 인간을 만드실 때에 처음부터 그렇게 창조해 놓으신 것일까요? 물론 아닙니다. 처음 만들어진 인간은 그러지 않았습니다. 하나님께서 보시기에 참 좋은 모습으로 창조되었습니다. 그렇다면 무슨 일이 벌어진 것일까요? 그렇습니다. 죄가 들어왔습니다.

아담과 하와를 꼬여서 하나님을 불순종하게 하고 넘어지게 했던 사탄은 뱀의 모습으로 나타났습니다. 뱀의 혀끝은 갈라져 있습니다. 인간의 혀는 그렇지 않습니다. 무슨 뜻입니까? 인간은 한 입에서 한 말만 하도록 창조되었다는 뜻입니다. 그런데 하나님께 불순종하여 죄가 들어오면서 동시에 인간의 영혼 속으로 뱀의 혀가 들어와 자리 잡게 된 것입니다. 그로부터 한 입으로 두 말하면서 살아가는 그런 모습이 시작된 것입니다.

삶으로 풀어내는 믿음, 생활로 실천되는 신앙을 위해서 가장 먼저 해결해야 할 것은 죄의 문제입니다. 겉모습을 바꾸었다고 갑자기 속사람이 변하는 것은 아닙니다. 형식을 바꾸었다고 갑자기 내용이 달라지는 것은 아닙니다. 교회 다니기 시작했다고 하루아침에 언어생활이 달라지는 것은 아닙니다. 죄의 문제가 완전히 해결되어야 우리의 말이 달라집니다. 그 전까지는 한 입에서 찬송과 저주가 나오는 일이 계속될 것입니다.

우리는 또다시 성령님의 도우심을 간구할 수밖에 없습니다. 죄의 쓴 뿌리를 성령의 불로 완전히 태워달라고 기도할 수밖에 없습니다.

ㅁ 은혜 나누기

불쑥 말을 해놓고 나중에 후회했던 가장 최근의 경험을 함께 나누어봅시다.

ㅁ 공동 기도

하나님 아버지, 우리의 말이 완전히 달라지게 해주세요. 한 입으로 두 말하지 않게 해주세요. 오직 하나님을 찬양하는 말, 다른 사람을 살리는 말만 할 수 있도록 성령님 우리를 다스려주세요.

지혜와 행함

8월 1주

□ **주님의 기도** 주님이 가르쳐주신 기도로 가정예배를 시작합니다.

□ **찬송 부르기** 390장(예수가 거느리시니)

□ **성경 읽기** 야고보서 3:13

※ 개역개정판

¹³너희 중에 지혜와 총명이 있는 자가 누구냐. 그는 선행으로 말미암아 지혜의 온유함으로 그 행함을 보일지니라.

※ 메시지성경

¹³지혜롭다는 평가를 듣고 싶습니까? 지혜롭다는 평판을 쌓고 싶습니까? 여기 여러분이 할 일이 있습니다. 제대로 살고, 지혜롭게 살고, 겸손하게 사십시오. 중요한 것은, 여러분의 말하는 방식이 아니라 사는 방식입니다.

□ **말씀 나누기**

지금까지 야고보는 언어생활의 중요성에 대해서 다루어 왔습니다. 주로 말이 가지고 있는 파괴력과 신앙인들의 이중적인 언어생활을 지적하는 내용이었습니다. 한 입에서 찬송과 저주가 나오는 것은 그리스도인의 마땅한 모습이 아니다! 이것이 야고보의 결론입니다.

오늘부터는 그 주제를 바꾸어서 '하늘의 지혜와 땅의 지혜'에 대해서 다루기 시작합니다. 이 말씀 역시 신앙과 생활의 일치라는 야고보서의 전체 주제와 연결됩니다.

지혜와 총명

먼저 "너희 중에 지혜와 총명이 있는 자가 누구냐?"고 야고보는 묻습니다. '지혜롭고 이해력이 있는'(wise and understanding, NIV) 그런 사람이 있느냐고 묻고 있는 것입니다. 세상적인 기준에서 볼 때 지혜로운 자는 물론 공부 잘하는 사람일지 모릅니다. 어떤 시험이든지 척척 합격하는 사람일지 모릅니다. 그러나 그들에게 남을 배려하고 이해하는 마음이 과연 있을까요?

야고보는 "그는 선행으로 말미암아… 그 행함을 보이라"고 합니다. NIV 성경은 이 부분을 "그의 선한 삶으로 나타내 보이라"(Let him show it by his good life)로 표현합니다. 지혜와 총명을 '선한 삶'으로 보이라는 것입니다. 야고보의 기준에 따르면 지혜는 머리에 담아놓은 지식이 아닙니다. 박학다식博學多識한 사람이 지혜로운 사람이 아닙니다. 참다운 지혜는 선한 삶으로 나타나게 되어 있습니다.

신앙생활도 마찬가지입니다. 성경에 대한 지식이 많다고 그 사람을 지혜로운 사람이라고 할 수 없습니다. 아무리 많이 알아도 그대로 살지 않는다면 지혜가 없는 겁니다. 아는 대로 살아가야 합니다. 믿는 대로 적용해야 합니다. 배운 대로 실천해야 합니다. 선한 삶으로 나타내 보여야 합니다. 그게 '지혜와 총명'이 있는 사람입니다.

한걸음 더 나아가 야고보는 "온유함으로 그 행함을 보여야 한다"고 말합니다. 진정한 지혜는 남들에게 자기 자신을 돋보이려고 애쓰지 않습니다. 오직 온유하고 겸손한 마음으로 행함을 통해 자연스럽게 선한 삶을 나타내 보입니다.

온유의 본래 의미는 '통제된 힘'입니다. 그것은 마치 길들여진 야생마와 같습니다. 야생마 상태로는 힘이 넘쳐나서 사방팔방으로 날뛰기만 할 뿐 아무런 소용이 없습니다. 그러나 그것이 잘 길들여지면 유용한 목적을 위하여 사용될 수 있습니다. 마찬가지로 지혜는 온유한 것입니다. 높으신 하나님의 뜻에 의해 통제된 온유한 행동을 통해서 드러나는 지혜가 진짜입니다.

착하게 사는 방식

메시지성경의 풀이가 아주 중요한 점을 지적하고 있습니다. "여기 여러분이 할 일이 있습니다. 제대로 살고, 지혜롭게 살고, 겸손하게 사십시오. 중요한 것은, 여러분의 말하는 방식이 아니라 사는 방식입니다." 지혜로움은 '말하는 방식the way you talk'이 아니라 '사는 방식the way you live'으로 드러난다는 것입니다. 말이 아니라 삶의 방식이 중요하다는 겁니다.

배워서 아는 것이 아무리 많다고 하더라도, 그것이 선한 일을 행하는 삶으로 나타나지 않는다면, 그것은 결국 자신의 지혜 없음을 드러낼 뿐입니다. 따라서 정말 지혜롭다는 평가를 듣고 싶다면 "제대로 살고, 지혜롭게 살고, 겸손하게 살라"(Live well, live wisely, and live humbly)는 겁니다. 그렇게 사는 방식으로만 참다운 지혜를 드러낼 수 있습니다. 우리 주님도 제자들에게 '착한 행실'을 보이라고 가르치셨습니다.

"이같이 너희 빛이 사람 앞에 비치게 하여 그들로 너희 착한 행실을 보고 하늘에 계신 너희 아버지께 영광을 돌리게 하라"(마 5:16).

착한 말도 귀하지만 착한 행실이 더 귀합니다. 그 행실로 인해 사람들이 하나님을 알게 되고 하나님 아버지께 영광을 돌릴 수 있기 때문입니다. 그 반대로 말만 앞서고 행함이 따르지 않는 그리스도인들은 전도의 문을 막고 있는 장본인들입니다. 말이 악하기 때문이 아닙니다. 말과 행함이 다르기 때문에 사람들은 하나님을 거부하는 것입니다.

야고보가 말하는 '지혜의 온유함'은 바로 이런 뜻입니다. 누가 보기 때문에, 혹은 무언가 돌아올 결과를 바라는 마음으로 행하는 것은 지혜의 온유함이 아닙니다. 정말 중요한 것은 착한 마음이요, 그 마음이 구체적인 삶으로 자연스럽게 나오는 것입니다.

우리 중에 지혜와 총명을 자랑하는 자가 있습니까? 그 지혜와 총명은 자신의 편안함과 이기적인 유익만을 추구하라고 주신 것이 아닙니다. 진정으로 지혜로운 자는 다른 사람을 위해 그것을 사용하는 사람입니다. 다른 사람의 유익을 위해 자신에게 주어진 하나님의 지혜와 총명함을 기꺼이 사용할 줄 아는 사람입니다.

우리는 지금 어떤 모습으로 살아가고 있습니까? 세상 사람들이 우리가 살아가는 모습을 보고 하나님 아버지께 영광을 돌리고 있습니까? 그럴 수 있기를 간절히 소망합니다.

□ 은혜 나누기

내가 할 수 있는 '착한 행실'이 있다면 어떤 것인지 함께 나누어봅시다.

□ 공동 기도

하나님 아버지, 진정한 지혜는 착하게 살아가는 방식으로 드러난다는 사실을 알게 해주시니 감사합니다. 이제부터는 배워서 남 주기 위해 열심히 공부하게 해주시고, 다른 사람에게 유익을 주기 위해서 실력을 쌓을 수 있게 해주세요.

8월 2주 땅에 속한 지혜

□ **주님의 기도** 주님이 가르쳐주신 기도로 가정예배를 시작합니다.

□ **찬송 부르기** 268장(죄에서 자유를 얻게 함은)

□ **성경 읽기** 야고보서 3:14~16

※ 개역개정판

¹⁴그러나 너희 마음속에 독한 시기와 다툼이 있으면 자랑하지 말라. 진리를 거슬러 거짓말하지 말라. ¹⁵이러한 지혜는 위로부터 내려온 것이 아니요 땅위의 것이요 정욕의 것이요 귀신의 것이니 ¹⁶시기와 다툼이 있는 곳에는 혼란과 모든 악한 일이 있음이라.

※ 메시지성경

¹⁴⁻¹⁶야비한 야심은 지혜가 아닙니다. 스스로 지혜롭다고 뽐내는 것도 지혜가 아닙니다. 지혜롭게 보이려고 진실을 왜곡해 말하는 것도 지혜가 아닙니다. 그것은 지혜와는 한참 거리가 멉니다. 그것은 짐승같이 약삭빠르고, 악마같이 교활한 속임수일 뿐입니다. 여러분이 다른 사람보다 더 낫게 보이려고 하거나 다른 사람을 이기려고 할 때마다, 일은 엉망이 되고 서로 멱살을 잡는 것으로 끝나고 말 것입니다.

□ **말씀 나누기**

앞에서 야고보는 "지혜와 총명이 있는 자는 그 행함을 보이라"(13절)고 요구했습니다. 지혜의 본색은 '말하는 방식'이 아니라 '사는 방식'으로 드러나기 때문입니다. 진정한 지혜는 "얼마나 많이 아느냐?", "얼마나 총명하게 말하느냐?"로 드러나지 않습니다. 오히려 "어떻게 살아가느냐?"가 진정한 지혜를 보여줍니다.

계속해서 야고보는 두 가지 종류의 지혜에 대해서 설명합니다. 그 하나는 '위로부터 난 지혜'이고, 다른 하나는 '땅에 속한 지혜'입니다. 오늘은 '땅에 속한 지혜'에 대해서 살펴보겠습니다.

시기와 다툼

야고보는 "시기와 다툼이 있으면 자랑하지 말라"고 권면합니다. '시기와 다툼'을 NIV 성경은 '독한 시기심과 이기적인 경쟁심bitter envy and selfish ambition'으로 번역합니다. '독한 시기심'은 남이 잘되는 꼴을 보지 못하는 그런 못된 마음입니다. '이기적인 경쟁심'은 어떤 수단 방법을 가리지 않고 무조건 다른 사람을 이겨야 한다고 집착하는 마음입니다.

자본주의가 만들어온 오늘날의 무한경쟁 사회는 사람들 사이에 이러한 '시기심과 경쟁심'을 정당화하는 메시지를 계속 전파하고 있습니다. 어떻게 되었든지 이기는 것이 성공이라고 가르칩니다. 성공을 위해서는 어떤 수단과 방법도 가리지 말라고 부추깁니다. 그리고 그것을 성공의 비결이요 지혜라고 말합니다.

그러나 야고보는 그렇게 말하지 않습니다. "야비한 야심은 지혜가 아닙니다. 스스로 지혜롭다고 뽐내는 것도 지혜가 아닙니다. 지혜롭게 보이려고 진실을 왜곡해 말하는 것도 지혜가 아닙니다"(14절, 메시지). 그러면 이것은 무엇입니까? 이러한 지혜는 위에서 내려온 것이 아니라 '땅에 속한 지혜요, 정욕에 속한 지혜요, 귀신에게 속한 지혜'라고 말합니다(15절).

진정한 지혜는 위로부터 난 지혜wisdom from heaven입니다. 하나님으로부터 온 지혜입니다. 착한 삶good life으로 나타내 보이는 지혜입니다. 그러나 땅에 속한 지혜는 야비하고 스스로 뽐내며 진실을 왜곡하며 거짓말하는 악한 삶evil life을 만들어냅니다. 그래서 야고보가 행함으로 지혜를 보이라고 요구한 것입니다. 행함을 보면 그 지혜가 위로부터 난 것인지 아니면 땅에 속한 것인지를 알 수 있기 때문입니다.

세 가지 특징

땅에 속한 지혜는 세 가지 특징을 가지고 있습니다.

첫 번째는 '세상적earthly'입니다. 땅에 속한 지혜는 그 출발이 세상이기 때문에 하나님을 알지 못합니다. 바울은 "이 세상이 자기 지혜로 하나님을 알지 못한다"(고전 1:21)고 했습니다. 하나님을 알지 못하는 사람, 하나님을 부정하는 사람은 또한 이 세상에서 못할 짓이 없습니다. 세상적인 지혜는 결국 악한 행동으로 나타나게 되어 있습니다.

두 번째는 '정욕적unspiritual'입니다. 정욕적이라는 말의 영어 표현에서 보듯이, 영적인 원리를 생각하지 않고 육체적인 본성이 이끄는 대로 살아가는 그런 상태를 말합니다. 그런 까닭에 지극히 자기중심적일 수밖에 없습니다. 이웃을 살피거나 배려할 줄 모릅니다. 다른 사람은 어떻게 되든지 자기만 배부르고 만족하면 됩니다. 그래서 늘 이웃과 다투고, 이웃을 괴롭히며, 이웃과 불화합니다.

세 번째는 '귀신적of the devil'입니다. '귀신' 또는 '마귀'는 사탄의 하수인입니다. 인간으로 하여금 하나님을 대적하게 만드는 장본인입니다. 에덴동산에서 아담과 하와에게 그랬던 것처럼, 지금도 사람들에게 하나님의 법을 떠나 살라고 유혹합니다. 또한 귀신은 사람을 시험에 빠지게 합니다. 경건하게 살려고 하는 사람들에게 "수단 방법 가리지 말고 살아라!", "뭐니 뭐니 해도 머니money가 최고다!"라고 시험합니다. 그렇게 해서 결국 사람들로 하여금 죄를 범하게 합니다.

야고보는 땅에 속한 지혜의 결말을 "혼란과 모든 악한 일"(16절)이라고 말합니다. 어떤 일을 성취했다고 하더라도 결국은 엉망진창이 되고 맙니다. 한때 잘되는 것 같아도 결국은 망하게 되어 있습니다. 이에 대한 메시지성경의 풀이가 아주 실감납니다. "여러분이 다른 사람보다 더 낫게 보이려고 하거나 다른 사람을 이기려고 할 때마다, 일은 엉망이 되고 서로 멱살을 잡는 것으로 끝나고 말 것입니다."

이것이 땅에 속한 지혜의 결말입니다. 하나님 없이 성공하는 것은 진짜 성공이 아닙니다. 위로부터 내려오는 지혜를 붙잡아야 성공할 수 있습니다. 하나님의 이름을 존귀하게 하고 이웃과 평화를 이루며 생명의 역사를 만들어가는 복을 누릴 수 있습니다.

□ 은혜 나누기

나는 지금 땅에 속한 지혜를 추구하며 살고 있지 않습니까? 함께 나누어봅시다.

□ 공동 기도

하나님 아버지, 우리가 비록 두 발을 땅에 딛고 살고 있지만 땅에 속한 지혜를 추구하며 살지 않게 해주세요. 오직 위로부터 오는 하나님의 지혜를 사모하며 살아갈 수 있도록 우리를 붙들어주세요.

8월 3주 　위로부터 난 지혜

□ **주님의 기도** 주님이 가르쳐주신 기도로 가정예배를 시작합니다.

□ **찬송 부르기** 406장(곤한 내 영혼 편히 쉴 곳과)

□ **성경 읽기** 야고보서 3:17~18

　※ 개역개정판

　[17]오직 위로부터 난 지혜는 첫째 성결하고 다음에 화평하고 관용하고 양순하며 긍휼과 선한 열매가 가득하고 편견과 거짓이 없나니 [18]화평하게 하는 자들은 화평으로 심어 의의 열매를 거두느니라.

　※ 메시지성경

　[17-18]참된 지혜, 하나님의 지혜는 거룩한 삶에서 시작됩니다. 참된 지혜의 특징은 다른 사람들과 평화롭게 지내는 것입니다. 참된 지혜는 온유하고, 이치에 맞으며, 자비와 축복이 넘칩니다. 하루는 뜨겁고 다음날은 차갑고 하지 않습니다. 겉과 속이 다르지 않습니다. 여러분이 서로 평화롭게 지내고 품위와 예의를 갖춰 서로를 대하려고 노력한다면, 여러분은 하나님과 바른 관계를 맺고 사는 건강하고 튼튼한 공동체를 세우고, 그 열매 또한 맛보게 될 것입니다.

□ **말씀 나누기**

　지난 시간에는 '땅에 속한 지혜'에 대해서 살펴보았습니다. 그 특징은 '세상적'이고, '정욕적'이며, 또한 '귀신적'이라고 했습니다. 하나님을 알지 못하니 어떤 나쁜 짓도 할 수 있게 합니다. 오직 동물적인 욕심을 쫓기 때문에 이웃과 불화할 수밖에 없습니다. 결국 땅에 속한 지혜는 혼란과 멱살잡이로 끝날 수밖에 없다고 했습니다.

우리가 붙잡아야 할 지혜는 그와 같은 '땅에 속한 지혜'가 아니라 '위로부터 내려오는 지혜'입니다. 오늘 우리가 묵상할 말씀입니다. 야고보는 하나님이 주시는 지혜의 특징을 여덟 가지로 설명합니다.

성결, 화평, 관용, 양순

첫째는 '성결聖潔'입니다. 성스럽게 깨끗하다는 뜻입니다. 메시지성경은 '거룩한 삶a holy life'이라고 합니다. 하늘로부터 오는 지혜는 우리를 세상에서 구별되게 합니다. 불의와 죄악으로 가득한 세상에 두 발을 딛고 살지만, 그 세상과 혼합되지 않게 한다는 것입니다. 순수하고 깨끗한 성결한 삶으로 이끌어줍니다.

둘째는 '화평和平'입니다. 여기에서 '화합할 화和'자를 보면 '벼 화禾'에 '입 구口'로 되어 있습니다. 쌀이 입으로 들어가는 모습을 형상화한 것입니다. 그것도 평등하게[平] 나누어져야 진정한 화평을 만들 수 있습니다. 다른 사람들을 배려하지 않고, 그들과 함께 나누지 않고 올바른 관계를 맺을 수 없습니다. 하늘로부터 오는 지혜를 가질 때에 평화를 사랑하는 사람들의 관계가 형성됩니다.

셋째는 '관용寬容'입니다. 즉 사려가 깊고 이해심이 있다는 뜻입니다. 특히 다른 사람들의 실수와 잘못에 대해서 이해해주며 그 사람의 인격을 존중해 줍니다. 관용은 이웃의 부족함과 실수를 볼 때 "그럴 수도 있지"하는 마음으로 감싸주고 이해하는 자세입니다. 이럴 때에 공동체가 세워지고 이 세상이 살만한 곳이 됩니다.

넷째는 '양순良順'입니다. '착하고 순하다'는 뜻입니다. 이것은 하나님의 말씀 앞에 철저히 순종적인 사람이 되어 살아가게 만드는 지혜입니다. 그런 까닭에 절대로 자기를 내세우지 않습니다. 반면 세상적인 지혜는 사납습니다. 매사에 부정적이고 불순종적입니다. 자기의 주장을 앞세웁니다. 그런 사람들이 있는 공동체는 시끄러울 수밖에 없습니다. 우리가 위로부터 오는 지혜를 사모해야 할 이유가 여기에 있습니다.

긍휼, 선한 열매, 편견과 거짓 없음

다섯 번째는 '긍휼恤'입니다. 이것은 우리를 바라보시는 하나님의 마음입니다. 하나님께서 우리를 긍휼히 여기셨기 때문에 독생자를 아낌없이 십자가에 내어주셨습니다. 영원히 저주받아 망할 수밖에 없는 우리를 보시고 안타깝게 여기시는 하나님의 그 마음으로 인해 우리에게 구원의 길이 열리게 된 것입니다. 하늘로부터 오는 지혜는 바로 이와 같은 하나님의 마음을 품게 합니다.

여섯 번째는 '선한 열매good fruit'입니다. 선한 열매는 긍휼과 관련이 있습니다. 본문에 "긍휼과 선한 열매가 가득하고…"라고 되어 있습니다. 이것은 선한 열매란 긍휼에 뒤따르는 결과라는 뜻입니다. 하나님의 마음인 긍휼을 품고 살아가는 사람을 통해서, 자연스럽게 선한 열매가 맺히게 됩니다. 가난한 인도 사람들을 위해 평생을 헌신한 마더 테레사 수녀의 삶이 바로 그 열매를 우리에게 보여줍니다.

일곱 번째는 '편견이 없는 것'입니다. 이것을 NIV 성경은 '공정한impartial'으로 표현합니다. 직역하면 '부분적partial'이지 '않다im'는 뜻입니다. 어느 한쪽을 편드는 것이 차별대우라면, 어느 한 부분을 전부인 것처럼 확대하여 생각하는 것이 편견입니다. 하나님으로부터 오는 지혜는 전체를 볼 수 있게 합니다. 어느 한쪽에 치우치지 않게 하고 균형을 잃지 않게 합니다.

여덟 번째는 '거짓이 없는 것sincere'입니다. 메시지성경은 '겉과 속이 다르지 않다not two-faced'고 표현합니다. 새번역 성경은 '위선이 없다'고 번역합니다. 그렇습니다. 위로부터 오는 지혜는 꾸밈이나 겉치레를 모릅니다. 어떤 숨겨진 목적을 위하여 속임수를 쓰지 않습니다. 진실을 감추거나 포장하지도 않습니다.

땅에 속한 지혜는 '혼란'과 '멱살잡이'로 끝나지만, 하나님이 주시는 지혜는 '화평'과 '의'의 열매를 거두게 합니다(18절). 위로부터 난 지혜는 모든 인간관계를 통해서 화평을 심습니다. 그리고 '의righteousness'의 열매를 거두게 합니다. 의는 바른 관계를 의미합니다. 이제부터 우리가 구하며 살아야 할 것은 땅에 속한 지혜가 아니라 위로부터 난 지혜입니다.

▫ 은혜 나누기
나에게는 위로부터 난 지혜의 특징들 중에 어떤 것이 있는지 함께 나누어봅시다.

▫ 공동 기도
하나님 아버지, 땅에 속한 지혜를 자랑하지 않게 해주세요. 그 지혜는 결국 우리를 망하게 할 뿐입니다. 이제부터는 하나님이 주시는 지혜를 구하며 살아가게 해주세요. 그리하여 우리의 삶을 통해 평화의 열매, 바른 관계의 열매를 풍성히 맺을 수 있게 해주세요.

8월 4주 　잘못 구하는 기도

□ 주님의 기도 주님이 가르쳐주신 기도로 가정예배를 시작합니다.

□ 찬송 부르기 272장(고통의 멍에 벗으려고)

□ 성경 읽기 야고보서 4:1~3

※ 개역개정판

¹너희 중에 싸움이 어디로부터 다툼이 어디로부터 나느냐. 너희 지체 중에서 싸우는 정욕으로부터 나는 것이 아니냐. ²너희는 욕심을 내어도 얻지 못하여 살인하며 시기하여도 능히 취하지 못하므로 다투고 싸우는도다. 너희가 얻지 못함은 구하지 아니하기 때문이요, ³구하여도 받지 못함은 정욕으로 쓰려고 잘못 구하기 때문이라.

※ 메시지성경

¹⁻³여러분은 이 모든 형편없는 싸움과 다툼이 어디에서 비롯된다고 생각합니까? 그냥 일어나는 일이라고 생각합니까? 곰곰이 생각해 보십시오. 그런 일이 일어나는 것은, 여러분이 자기 마음대로 하려하고, 싸워서라도 그렇게 하려는 마음이 여러분 깊은 곳에 있기 때문입니다. 여러분은 자신이 갖지 못한 것을 탐하고, 살인까지 해서라도 그것을 얻으려고 합니다. 여러분의 것이 아닌 것을 가지려다가 폭력까지 휘두르고 맙니다. 여러분은 그런 것을 달라고 하나님께 구하지는 않겠지요? 그 이유가 무엇입니까? 여러분이 가질 권리가 없는 것을 구하고 있음을 잘 알기 때문입니다. 여러분은 매번 자기 마음대로 하려고 하니, 버릇없는 아이와 같습니다.

□ 말씀 나누기

야고보서 4장에 들어와서 야고보는 교회 안에서 성도들 사이에 경험하는 다툼의 문제에 대해서 직접 다루기 시작합니다. 본래 예루살렘교회는 사랑이 많고 은혜가 넘치는 교회였습니다. 자기 것을 자기 것이라 주장하지 않고 서로 나누어 쓰던 공동체였습니다(행 4:32). 그런데 시간이 지나면서 사랑과 은혜가 점점 사라져갔습니다. 성도들끼리 서로 다투는 일이 많아졌습니다.

다툼의 원인

본문에서 야고보는 "너희 중에 싸움이 어디로부터 다툼이 어디로부터 나느냐?"고 묻습니다. 믿음의 공동체 안에 싸움과 다툼이 있었다는 이야기입니다. 세상 사람들이 서로 싸우는 것도 보기 흉한 일이지만, 교회 안에서 성도들끼리 싸우는 것은 더 흉한 일입니다. 그런 싸움은 일어나지 말아야 합니다. 그렇지만 실제로는 싸움이 있습니다. 그 이유가 무엇일까요?

야고보는 그 이유를 "너희 정욕으로부터 나온다"(They come from your desires)고 말합니다. '정욕'이란 이기적인 쾌락을 추구하려는 욕심, 자기만의 즐거움을 얻으려는 욕심을 말합니다. 메시지성경은 "자기 마음대로 하려 하고, 싸워서라도 그렇게 하려는 마음이 있기 때문"이라고 풀이합니다. 자기주장을 앞세우고 그것만을 고집하는 이러한 욕심을 가리켜 성경은 정욕이라고 표현하고 있는 것입니다.

문제는 욕심이 그냥 욕심으로 멈추어 있지 않다는 것입니다. 이미 1장에서 야고보는 "욕심이 잉태한즉 죄를 낳고 죄가 장성한즉 사망을 낳는다"(약 1:15)고 말했습니다. 한 사람만 욕심을 부린다면 다툼이 일어나지 않을 겁니다. 그러나 서로 차지하겠다고 서로 높아지겠다고 욕심을 부립니다. 그래서 싸움과 다툼이 일어날 수밖에 없는 것입니다.

이 문제를 해결할 수 있는 방법은 없을까요?

잘못된 기도

이런 경우에 흔히들 기도가 부족해서 그런다고 말합니다. 정말 그럴까요? 아닙니다. 기도를 하기는 하지만 잘못된 마음 자세로 기도하기 때문입니다. 야고보는 "너희가 얻지 못함은 구하지 아니하기 때문이요, 구하여도 받지 못함은 정욕으로 쓰려고 잘못 구하기 때문이라" (3절)고 말합니다.

그런데 이 말을 "너희가 제대로 구하기만 하면 무엇이든 얻을 수 있다"는 뉘앙스로 받아들이면 안 됩니다. 오히려 자신이 원하는 것이 지나친 욕심이라는 것을 스스로 알고 있기 때문에, 그것을 달라고 하나님께 떼쓸 수는 없을 것이라는 뜻입니다. 그래서 이 부분을 메시지성경은 다음과 같이 번역합니다.

"여러분은 그런 것을 달라고 하나님께 구하지는 않겠지요? 그 이유가 무엇입니까? 여러분이 가질 권리가 없는 것을 구하고 있음을 잘 알기 때문입니다"

(약 4:2, 메시지).

'잘못 구한다'는 말은 "잘못된 동기wrong motives를 가지고 구한다"는 뜻입니다. 기도가 신앙생활에 참 중요한 부분이지만, 기도라는 행위 그 자체보다 기도의 동기가 더 중요합니다. 하나님은 우리의 외모가 아니라 중심을 보신다고 했습니다. 중심이 무엇입니까? 바로 동기動機입니다. 겉으로 드러난 행위가 아니라 속에 감추어진 동기를 하나님은 헤아리고 계신다는 것입니다.

교회 안에서 일어난 분쟁의 당사자들은 모두 신앙인입니다. 나름대로 그럴듯한 자기 논리와 명분을 가지고 있습니다. 또한 신앙인답게 문제를 놓고 하나님께 기도하기도 합니다. 그러나 절대로 양보하지 않습니다. 왜 그럴까요? 기도에 대한 오해 때문입니다. 기도를 자신의 소원을 성취하기 위한 수단 정도로 이해하기 때문입니다.

제대로 된 기도는 하나님의 뜻을 구하는 것입니다. 하나님의 뜻을 발견하고 그 뜻 앞에 자신을 쳐서 복종시키는 것입니다. 겟세마네 동산에서 우리 주님의 기도가 바로 제대로 된 기도의 모범을 보여줍니다. "나의 원대로 마시옵고 아버지의 원대로 하옵소서"(막 14:36). 바른 동기의 기도는 하나님의 뜻을 이룹니다. 주님은 십자가를 지심으로 하나님의 뜻을 이루시고 인류를 구원하셨습니다.

이기적인 욕심을 성취하기 위하여 기도하는 동안에는 절대로 싸움과 다툼이 끝나지 않습니다. 우리는 지금 어떤 마음의 태도를 가지고 기도하고 있습니까?

▫ 은혜 나누기
나의 기도는 누구의 뜻을 구하는 기도입니까? 함께 나누어봅시다.
▫ 공동 기도
하나님 아버지, 믿음의 공동체인 교회 안에 싸움이 있고, 믿음의 가정 안에 다툼이 있습니다. 자기가 원하는 대로 하려고 하고, 싸워서라도 그렇게 하려고 하는 마음 때문입니다. 오늘부터 자신의 고집을 내려놓고 하나님의 뜻을 받아들이는 기도를 시작할 수 있도록 우리를 도와주세요.

8월 5주 하나님과 원수 됨

□ **주님의 기도** 주님이 가르쳐주신 기도로 가정예배를 시작합니다.

□ **찬송 부르기** 259장(예수 십자가에 흘린 피로써)

□ **성경 읽기** 야고보서 4:4

　※ 개역개정판

⁴간음한 여인들아. 세상과 벗된 것이 하나님과 원수 됨을 알지 못하느냐. 그런즉 누구든지 세상과 벗이 되고자 하는 자는 스스로 하나님과 원수 되는 것이니라.

　※ 메시지성경

⁴여러분은 하나님을 속이고 있습니다. 온통 자기 마음대로 살거나 기회 있을 때마다 세상과 놀아나는 것이 여러분이 원하는 바라면, 여러분은 결국 하나님의 원수가 되어 하나님과 그분의 길을 거스르고 말 것입니다.

□ **말씀 나누기**

　야고보는 교회 안에서 일어나는 다툼의 근본적인 원인을 '정욕'이라고 했습니다. 교회는 자신의 사사로운 이기적인 욕심을 추구하는 곳이 아닙니다. 오직 하나님께 순종하고 이웃을 사랑으로 섬기는 그런 곳이어야 합니다. 그런데 어떤 사람들은 세상의 논리와 습관을 교회로 가지고 들어와서 사용합니다. 그래서 교회 안에 싸움과 다툼이 일어나는 것입니다.

심지어 경건 생활의 도구가 되어야 할 '기도'를 정욕을 추구하는 수단으로 삼는 사람도 있습니다. 그런 기도를 하나님이 들어주실 리가 없습니다. 기도는 하나님의 뜻을 깨닫고 그 뜻에 순응하는 것이지, 하나님의 뜻을 꺾어서라도 자신의 고집대로 살기 위한 수단이 아닙니다.

영적인 간음

이와 같이 스스로 그리스도인이라고 자처하지만 실제로는 세상적인 논리와 습관에 따라서 살아가는 이중적인 태도를 가진 사람들을 가리켜서 야고보는 영적으로 간음하는 자들이라고 말합니다. "간음한 여인들아, 세상과 벗된 것이 하나님과 원수 됨을 알지 못하느냐?" 여기에서 '간음한 여인'은 영적으로 또는 신앙적으로 세상과 타협하고 있는 교회와 그리스도인들을 모두 가리키는 말입니다.

구약에서는 하나님과 이스라엘 백성을 남편과 아내의 관계로 설명합니다. 만일 이스라엘 백성이 하나님을 버리고 다른 이방신을 섬긴다면, 그것이 신앙적인 간음입니다. 신약에서도 예수 그리스도를 신랑으로, 교회와 성도들을 그리스도의 신부로 표현합니다. 만일 교회와 성도들이 예수 그리스도의 재림을 성결한 삶으로 준비하며 기다리지 않고 세상의 정욕적인 삶에 가까워진다면 그것이 바로 영적인 간음이 되는 것입니다.

그런데 왜 하나님의 백성들이 이렇게 신앙적으로, 영적으로 간음하게 되는 것일까요? 야고보는 '알지 못해서' 그런다고 합니다. 무엇을 알지 못한다는 겁니까? 세상과 타협하는 것이 하나님의 원수가 된다는 사실을 알지 못한다는 것입니다. 세상의 풍조에 따라 적당히 타협하면서도 그것이 하나님을 배신하는 심각한 일이라는 걸 깨닫지 못합니다.

오늘날 교회 안에 팽배해있는 성공지상주의와 물질만능주의가 바로 그 대표적인 예입니다. 하나님을 사랑하고 하나님의 뜻을 이루기 위해서 순종하여 따르려고 하지는 않고, 돈을 더 사랑하고 세상적인 성공을 더 추구하는 그런 풍조가 바로 영적인 간음입니다.

교회답지 못한 교회

교회의 성공과 실패는 교회의 사이즈로 측정될 수 없습니다. 교회다우면 성공이요, 교회답지 못하면 실패입니다. 세상적인 방법과 정욕적인 수단을 사용하여 대형 교회의 목표를 달성했더라도 그것은 성공이 아닙니다. 그런 방식으로 세상과 타협하는 순간 이미 하나님의 원수가 되어 있는 것입니다. 그런 사고방식을 가지고 있는 한, 교회가 작으면 하나님과 작게 원수 되고, 교회가 커지면 하나님과 크게 원수가 되는 겁니다.

중세의 로마가톨릭이 실패한 것도 바로 그 때문입니다. 그래서 하나님께서 개신교Protestantism를 들어서 교회를 새롭게 시작하지 않았습니까? 그런데 불과 5백 년밖에 지나지 않았는데도 오늘날의 개신교가 중세 가톨릭의 전철을 똑같이 밟고 있는 안타까운 현실을 우리는 보고 있습니다.

무엇이 문제입니까? 정욕이 문제입니다. 이기적인 욕심을 내려놓으라고 가르치지는 않고 오히려 그것을 신앙의 이름으로 포장해서 부추기는 것이 문제입니다. 우리는 지금 그 열매를 보고 있을 뿐입니다. 야고보의 경고에 조금이라도 귀를 기울였다면 많이 달라졌을 것입니다. "스스로 세상과 벗이 되고자 하는 자는 하나님과 원수 되는 것"이라는 쓴소리를 겸허하게 받아들였다면 크게 달라졌을 것입니다.

오늘 본문을 메시지성경으로 읽으면 더욱 실감납니다.

"여러분은 하나님을 속이고 있습니다. 온통 자기 마음대로 살거나 기회 있을 때마다 세상과 놀아나는 것이 여러분이 원하는 바라면, 여러분은 결국 하나님의 원수가 되어 하나님과 그분의 길을 거스르고 말 것입니다"(약 4:4, 메시지).

정말 두려운 말씀입니다. 하나님을 믿는다고 하는 사람들 중에 하나님의 원수가 되어 하나님의 길을 막고 있는 그런 사람이 있다니 말입니다. 자기 마음대로 살면서도 그것을 신앙으로 포장하여 하나님을 속이려는 사람이 있다니 말입니다. 그렇게 하나님을 업신여기면서 잘될 줄로 착각하는 어리석은 사람이 있다니 말입니다.

그런데 이 말씀은 사실 다른 사람이 아니라 우리 자신이 들어야 합니다. 그것이 하나님의 말씀을 받아들이는 바른 자세입니다. "우리는 하나님의 뜻을 위해서 세상의 욕심을 내려놓을 수 있는가? 세상과 적당히 타협하며 살아가는 모습은 없는가? 단지 이기적인 욕심을 채우기 위해서 신앙생활하고 있는 것은 아닌가? 주님처럼 하나님의 뜻이 이루어지도록 기도하고 있는가?" 우리 자신에게 물어보고 진솔하게 대답해야 할 것입니다.

□ 은혜 나누기
세상과 적당히 타협하고 싶은 유혹을 받아본 적이 있습니까? 함께 나누어봅시다.

□ 공동 기도
하나님 아버지, 우리 가정은 어떤 경우에도 하나님의 원수가 되지 않게 해주세요. 하나님보다 돈이나 세상적인 성공을 더 사랑하지 않게 해주세요. 끝까지 하나님을 섬기며 따르는 하나님의 자녀가 되게 해주세요.

9월 1주

심판과 은혜

- 주님의 기도 주님이 가르쳐주신 기도로 가정예배를 시작합니다.
- 찬송 부르기 254장(내 주의 보혈은)
- 성경 읽기 야고보서 4:5~6

   ※ 개역개정판

   ⁵너희는 하나님이 우리 속에 거하게 하신 성령이 시기하기까지 사모한다 하신 말씀을 헛된 줄로 생각하느냐. ⁶그러나 더욱 은혜를 주시나니 그러므로 일렀으되 하나님이 교만한 자를 물리치시고 겸손한 자에게 은혜를 주신다 하였느니라.

   ※ 표준새번역

   ⁵하나님께서는 우리 안에 살게 하신 그 영을 질투하실 정도로 그리워하신다"라는 성경 말씀을 여러분은 헛된 것으로 생각합니까? ⁶그러나 하나님께서는 더 큰 은혜를 주십니다. 그러므로 성경에 이르기를 "하나님께서는 교만한 자들을 물리치시고, 겸손한 사람들에게 은혜를 주신다" 하고 말합니다.

- 말씀 나누기

   지난 시간에 우리는 하나님의 원수가 교회 밖에만 있는 것이 아니라, 교회 안에도 들어와 있다는 충격적인 말씀을 묵상했습니다. 세상과 타협하여 하나님과 원수 되어 살아가는 교회와 성도들을 보면서 하나님은 어떤 마음을 가지실까요?

하나님의 심판

야고보는 말합니다. "너희는 하나님이 우리 속에 거하게 하신 성령이 시기하기까지 사모한다 하신 말씀을 헛된 줄로 생각하느냐?"(5절). 이 말씀을 쉽게 풀어 설명하면, 하나님이 우리를 사랑하시는데, 하나님께서 우리 속에 거하게 하신 성령이 시기하기까지 그렇게 사랑하신다고 성경에 기록되어 있다는 겁니다. 그리고 그런 말씀이 성경에 괜히 쓰인 게 아니라는 것입니다.

하나님은 우리가 세상과 벗하며 적당히 타협하며 살도록 그냥 내버려두시지 않으십니다. 왜냐하면 하나님은 우리를 '사모'하기까지 '사랑'하시기 때문입니다. 하나님은 우리에 대해서 무관심한 분이 아닙니다. 하나님은 우리를 사랑하시기 때문에 우리가 하나님을 사랑하기를 또한 기대하시는 것입니다.

그런데 이 말씀이 어디에 기록되어 있을까요? 의미상으로 가장 근접한 말씀은 출애굽기 34장에 나옵니다.

"너는 다른 신에게 절하지 말라. 여호와는 '질투'라 이름하는 질투의 하나님임이니라"(출 34:14).

질투嫉妬는 너무나 사랑하기 때문에 상대방이 한눈파는 것을 참지 못하는 그런 사랑을 가리키는 말입니다. 하나님의 이름이 바로 질투Jealous라고 합니다. 하나님이 가장 싫어하는 것은 우상숭배입니다. 하나님은 이스라엘 백성들에게 유일한 사랑의 대상이 되기를 원하십니다. 하나님은 우선순위에서 밀려나는 것을 참지 못하십니다. 그래서 그 죄에 대해서 진노하시고 심판하기도 하십니다(신 5:9; 6:15).

야고보는 교회가 세상과 타협하여 세상적인 논리와 방법을 따라가는 것을 마치 영적인 간음인 우상숭배와 같다고 판단합니다. 우상숭배는 하나님께서 우리 속에 거하게 하신 성령님의 질투를 일으키는 죄악입니다. 하나님은 우리를 사랑하시기 때문에, 우리가 세상과 벗하여 하나님과 원수 되는 것을 가만두지 않으십니다.

따라서 '질투하는 하나님'이라고 기록되어 있는 이 말씀이 괜히 쓰인 것이 아니라는 사실을 우리는 알아야 한다는 겁니다. 즉 야고보는 지금 하나님의 심판에 대해서 경고하고 있는 것입니다.

하나님의 은혜

그러나 동시에 야고보는 하나님의 은혜에 대해서도 선포합니다. "그러나 더욱 은혜를 주시나니 그러므로 일렀으되 하나님이 교만한 자를 물리치시고 겸손한 자에게 은혜를 주신다 하였느니라"(6절).

교만한 자는 '자기 마음대로 하려는 사람'이며, 겸손한 자는 '하나님의 말씀에 순종하는 사람'입니다. 세상과 타협하여 세상적인 정욕을 교회 안에서 추구하는 자들은 교만한 자들입니다. 그들을 하나님은 물리치시지만, 하나님의 말씀 따라서 하나님의 뜻을 추구하며 살아가는 자들에게는 은혜를 베푸신다는 것입니다.

자, 그런데 하나님의 심판과 은혜 중에서 어떤 것이 더 클까요? 야고보는 "더욱 은혜를 주신다"(But he gives us more grace. NIV)고 선언합니다. 하나님의 은혜가 심판보다 더 크다는 것입니다. 실제로 하나님을 미워하는 자의 죄를 삼사 대까지 이르게 하지만, 하나님을 사랑하고 계명을 지키는 자에게는 천 대까지 은혜를 베푸신다고 하셨습니다 (출 20:5-6).

그렇습니다. 하나님의 심판보다 하나님의 은혜가 훨씬 더 큽니다. 하나님의 심판도 우리를 망하게 하려는 것이 아닙니다. 회개하고 돌아올 수 있는 기회를 주려는 것입니다. 하나님은 우리가 망하는 것을 원하지 않으시기 때문입니다.

여기에 우리의 희망이 있습니다. 교회가 교회답지 못할 때에 하나님은 탄식하시며 때로 심판도 하십니다. 그러나 그것은 완전히 망하게 하려는 '미움의 매'가 아니라 회개하고 돌아오라는 '사랑의 매'입니다. 따라서 맞더라도 하나님께 맞으면 됩니다. 주님의 핏 값으로 사신 교회가 망하는 것은 하나님의 뜻이 아닙니다. 새롭게 하시려는 것이 하나님의 뜻입니다.

그러니 이제라도 겸손하게 하나님의 말씀으로 돌아오면 됩니다. 하나님보다 더 사랑하고 더 의지하던 것을 포기하고, 오직 하나님만 사랑하기 시작하면 됩니다. 이기적인 욕심을 모두 내려놓고 겸손해지면 됩니다. 그래야 삽니다. 하나님의 은혜는 심판보다 더욱 크기 때문입니다.

□ 은혜 나누기
하나님으로부터 '사랑의 매'를 맞아본 적이 있나요? 함께 나누어봅시다.
□ 공동 기도
하나님 아버지, 더 늦기 전에 하나님의 말씀으로 돌아가게 해주세요. 하나님을 향한 처음 사랑을 회복할 수 있게 성령님 우리를 도와주세요.

9월 2주

복종과 대적

- □ 주님의 기도 주님이 가르쳐주신 기도로 가정예배를 시작합니다.
- □ 찬송 부르기 348장(마귀들과 싸울지라)
- □ 성경 읽기 야고보서 4:7

  ※ 개역개정판

  ⁷그런즉 너희는 하나님께 복종할지어다. 마귀를 대적하라. 그리하면 너희를 피하리라.

  ※ 메시지성경

  ⁷그러니, 하나님이 여러분 안에서 그분 뜻대로 일하시게 해드리십시오. 마귀에게는 큰소리로 '안 돼!' 하고 외치고, 마귀가 날뛰지 않는지 주시하십시오. 하나님께는 조용히 '예!' 하고 말씀드리십시오.

- □ 말씀 나누기

  믿음의 공동체인 교회 안에 분쟁이 있는 것은 '정욕' 때문입니다. 이기적인 욕심이 모든 싸움의 원인입니다. 하나님을 믿는다고 하면서 실제로는 세상과 벗하여 세상적인 논리와 습관을 따라 살아가는 신앙과 생활의 불일치가 만들어내는 결과입니다. 하나님은 질투하는 하나님이시기에 그러한 이중적인 신앙생활을 그냥 놔두지 않으십니다.

  자, 그렇다면 그 분쟁을 해결하는 방법은 무엇일까요? 야고보는 두 가지 방법을 제시합니다.

하나님께 복종하라

먼저 "하나님께 복종하라"(7a절)고 말합니다. NIV 성경은 "네 자신을 하나님께 항복하라"(Submit yourselves to God)고 번역합니다. 이는 6절에서 언급된 '교만하다'와 정반대 개념입니다.

교만한 사람은 하나님께 복종하지 않습니다. 하나님께 맡기지 않고 자기가 해결하려고 합니다. 하나님의 뜻에 따르지 않고 자신의 고집대로 살아갑니다. 두 손 들고 하나님께 항복하지 않고, 기득권과 이기적인 욕심의 명분을 양손 가득 움켜쥐고 절대로 놓지 않습니다. 그래서 교회 안에 분쟁이 계속되는 것입니다.

분쟁이 해결되려면 우선 당사자들이 그 일에서 손을 떼야 합니다. 그것이 하나님께 맡기는 것이요, 하나님의 뜻에 복종하는 것이요, 하나님께 항복하는 것입니다. 그런데 그렇게 생각하지 않는다는 것이 큰 문제입니다. 손을 떼면 하나님께 항복하는 것이 아니라 분쟁의 상대자에게 항복하는 것으로 생각합니다. 그래서 손을 떼지 못하고 끝까지 가려고 하는 것입니다.

이런 마음이 교만입니다. 이 일은 내가 아니면 해결할 수 없다고 고집하는 것이 교만입니다. 상대방에게 지기 싫어하는 것이 교만입니다. 그 교만이 결국 하나님의 말씀에 복종하지 못하고 오히려 하나님의 뜻을 거역하게 만드는 것입니다.

'복종'은 '믿음'의 다른 말입니다. 믿음의 사람은 복종의 사람입니다. 아브라함이 그 대표적인 인물입니다. 그래서 아브라함을 가리켜 믿음의 조상이라고 말하는 것입니다. 고향 땅을 떠나라고 말씀하실 때 떠나는 것이 복종입니다. 백 세에 낳은 아들을 번제물로 바치라고 말씀하실 때 바치는 것이 복종입니다. 복종하는 만큼만이 믿음입니다.

요즘은 하나님의 말씀에 복종하는 사람을 찾아보기 힘듭니다. 교회가 쪼개지는 한이 있어도 끝까지 싸우겠다고 합니다. "누구든지 하나님의 성전을 더럽히면 하나님이 그 사람을 멸하시리라"(고전 3:17) 말씀하셨는데, 성전을 쪼개는 자에게 하나님이 과연 어떤 심판을 내리실까요? 하나님께 복종하는 것이 살 길입니다. 교회도 살고, 가정도 살고, 우리도 사는 길입니다.

마귀를 대적하라

하나님께 복종하는 것은 동시에 마귀를 대적하는 것입니다. "마귀를 대적하라. 그리하면 너희를 피하리라"(7b절). 마귀가 하는 일은 아주 단순합니다. 하나님의 백성들을 하나님과 멀어지게 만들고 결국은 배반하게 만드는 것입니다. 그 시작이 무엇인지 아십니까? 바로 마음속에 정욕을 심어주는 것입니다. 세상과 타협하게 하는 것입니다. 그게 결국 하나님과 원수가 되도록 합니다.

따라서 처음부터 마귀를 대적해야 합니다. 처음 단계부터 완강히 거부해야 합니다. 그래야 마귀가 피해갑니다. 그러지 않고 타협의 여지를 남겨두거나, 느슨하게 대응하면 계속해서 접근해 옵니다. 그래서 결국 마귀의 꾀임에 속아 넘어가게 되는 것입니다. 메시지성경은 이렇게 풀이합니다. "마귀에게는 큰소리로 '안 돼!' 하고 외치고, 마귀가 날뛰지 않는지 주시하십시오. 하나님께는 조용히 '예!' 하고 말씀드리십시오."

아무리 그럴듯한 명분으로 포장해도 교회 안에서 다툼과 싸움을 만드는 것은 마귀가 하는 일입니다. 그 일에 대해서는 분명하게 '안돼!' 할 수 있어야 합니다. 분쟁을 일으키는 것에 대해서는 '안 돼!' 하고 소리를 지르십시오. 그것이 마귀를 대적하는 방법입니다. 그러나 하나님께는 조용히 '예!' 하십시오. 그것이 하나님께 복종하는 길입니다. 그럴 때에 하나님이 우리 안에서 그분 뜻대로 일하실 것입니다.

여기에서 우리는 중요한 교훈을 얻게 됩니다. 하나님이든 마귀든 하나만을 선택해야 한다는 것입니다. 하나님도 섬기고 마귀도 섬길 수는 없습니다. "한 사람이 두 주인을 섬기지 못한다"(마 6:4)고 하셨습니다. 하나님께 복종하면 마귀를 대적하게 됩니다. 그러나 마귀와 타협하면 하나님과 원수가 됩니다. 교회와 가정에 덕을 세우거나 아니면 두 쪽 내거나 둘 중에 하나입니다. 중간의 회색지대는 없습니다.

이제부터 우리는 모든 일에 하나님께 복종합시다. 그리고 마귀를 대적합시다. 하나님께는 '예' 하고 마귀에게는 '아니'라고 합시다. 마귀를 대적하면 마귀는 피해갑니다. 하나님께 복종하면 하나님은 은혜를 베푸십니다. 우리 가정은 언제나 하나님의 은혜로만 풍성한 곳이 되기를 간절히 소망합니다.

□ 은혜 나누기
내가 아직도 하나님께 복종하지 못하는 것이 무엇입니까? 함께 나누어봅시다.
□ 공동 기도
하나님 아버지, 우리 안에 싸움을 만들어내는 마귀에게는 단호하게 대적하게 하시고, 하나님의 말씀 앞에는 언제나 겸손히 복종할 수 있게 해주세요. 그리하여 하나님이 마음껏 일하시는 우리 가정이 되게 해주세요.

9월 3주 분쟁 해결의 길

□ **주님의 기도** 주님이 가르쳐주신 기도로 가정예배를 시작합니다.

□ **찬송 부르기** 338장(내 주를 가까이)

□ **성경 읽기** 야고보서 4:8

※ 개역개정판

8 하나님을 가까이하라. 그리하면 너희를 가까이하시리라. 죄인들아 손을 깨끗이 하라. 두 마음을 품은 자들아 마음을 성결하게 하라.

※ 표준새번역

8 하나님께로 가까이 가십시오. 그리하면 하나님께서 가까이 오실 것입니다. 죄인들이여, 손을 깨끗이 하십시오. 두 마음을 품은 사람들이여, 마음을 순결하게 하십시오.

□ **말씀 나누기**

분쟁을 해결하기 위해서는 하나님께 복종하면서 동시에 마귀를 대적해야 한다고 했습니다. 마귀를 대적하면 하나님께 순종하게 되고, 마귀와 타협하면 하나님과 원수가 됩니다. 믿음의 공동체인 교회와 가정에 다툼과 싸움이 만들어지는 것은 하나님께 복종하지 못하고 또한 마귀를 대적하지 못하기 때문입니다.

하나님께로 가까이

계속해서 야고보는 말합니다. "하나님을 가까이하라. 그리하면 너희를 가까이하시리라"(8a절). 이 말씀을 "우리가 하나님께 가까이 가는 만큼만 하나님이 우리에게 가까이 오신다"는 식으로 이해하면 안 됩니다. 그건 인간들이 생각하는 방식이지 하나님은 그렇게 계산적인 분이 아니십니다.

오히려 하나님은 우리가 한 걸음 하나님께 가까이 가면 기다렸다는 듯이 두 걸음, 세 걸음 우리에게 성큼 다가오시는 그런 분입니다. 아니 하나님은 이미 우리에게 가까이 와 계십니다. 정욕에 사로잡혀 사는 동안에는 하나님의 임재가 보이지 않았을 뿐입니다. 그런데 우리가 회개하고 하나님께 가까이 가려고 하는 순간 이미 우리 곁에 와 계시는 하나님을 발견하게 되는 것입니다. 여기에 우리의 희망이 있습니다. 살 길은 하나님께 있습니다.

사람들은 왜 정욕적인 삶을 놓지 못합니까? 그걸 포기하면 모두 잃는다고 생각하기 때문입니다. 분쟁의 당사자들이 왜 그 분쟁에서 벗어나지 못할까요? 이제 와서 손을 떼면 상대방에게 모든 것을 빼앗긴다고 생각하기 때문입니다. 그래서 싸움은 계속되고 정작 그 싸움에서 이겼다고 하더라도 아무것도 얻지 못하게 됩니다. 그런데 그런 세상적인 방식을 포기하고 하나님께 방향을 돌이켜 가까이 가기로 작정하면 하나님께서 당신의 길을 보여주시고 문제를 해결해 주십니다. 나도 살게 하고 가정도 살게 하십니다.

지금까지 추구하던 세상의 길들이 자꾸 막힌다고 느껴진다면 길을 바꾸십시오. 하나님께로 방향을 돌이키십시오. 하나님께 가까이 가 보십시오. 그러면 길이 보입니다. 문제의 실마리를 발견합니다. 특히 인간관계에서 큰 갈등을 경험할 때에 상대방에게 자꾸 가까이 가려고 하지 마십시오. 갈등만 더 증폭될 뿐입니다. 시선을 하나님께로 돌리고 하나님께 가까이해 보십시오. 만일 상대방도 나처럼 시선을 하나님께 돌리고 가까이 가게 된다면, 마치 정ㅍ과 반ㄆ이 변증법적으로 합ㅎ하여지는 것과 같은 창조적인 결과를 얻게 될 것입니다. 그러나 상대방이 그러지 않는다고 하더라도 적어도 나만은 그 갈등의 수렁에서 구원받게 될 것입니다.

손과 마음을 깨끗이

야고보는 "하나님을 가까이하라"고 하면서 동시에 "손을 깨끗이 하라"고 권면합니다. 우리는 흔히 범죄의 세계에서 떠나는 것을 가리켜서 '손 씻는다'고 표현하지요. 여기서도 같은 뜻입니다. "손을 깨끗이 하라"는 말은 "죄에서 손을 떼라"는 겁니다. 싸움과 다툼을 일으키던 당사자들이 그 일에서 완전히 손을 떼는 것입니다.

분쟁이 해결되려면 우선 당사자들이 그 일에서 손을 떼야 합니다. 그것이 하나님께 맡기는 것이요, 하나님의 뜻에 복종하는 것이요, 하나님께 항복하는 것입니다. 그것이 또한 하나님을 가까이하는 것입니다. 말로는 하나님의 일을 하겠다는 사람들이 분쟁의 장본인으로 남아있다면 그것은 앞뒤가 맞지 않는 것입니다. 손을 씻고 하나님께 가까이 가는 일만 하면 됩니다. 그러면 나머지는 하나님이 해결해 주십니다.

또한 야고보는 "마음을 성결하게 하라"고 권면합니다. 손을 씻듯이 마음도 씻으라는 겁니다. 그런데 그 마음이 어떤 상태였습니까? '두 마음을 품은double-minded' 상태였습니다. 이중적인 태도, 겉과 속이 다른 상태, 이 사람에겐 이렇게 저 사람에게 저렇게 대하는 모습입니다. 왜 그럴까요? 사사로운 욕심이 숨겨져 있기 때문입니다.

그 마음을 씻어야 합니다. 손만 씻을 게 아니라, 내면의 마음을 씻어야 합니다. 마음을 씻으려면 하나님을 가까이해야 합니다. 말씀의 거울에 자신을 비추어야 합니다. 하나님의 음성을 자꾸 들어야 합니다. 그래야 자신의 이기적인 욕심이 얼마나 추악하고 더러운 것인지 알게 됩니다.

기도를 하더라도 두 마음 품은 상태를 씻어버리고 해야 합니다. 정욕을 품은 상태로 기도하면 삶이 변화되지 않고 문제가 해결되지 않습니다. 정욕을 품은 기도로는 하나님의 뜻을 이루기 위해 자신의 뜻을 꺾는 그런 일들이 벌어지지 않습니다. 하나님의 뜻이 이루어지지 않는데 어떻게 평화와 구원과 회복의 사건이 나타날 수 있겠습니까?

싸우는 교회는 교회가 아닙니다. 싸우는 가정 또한 가정이 아닙니다. 어떻게 그 싸움을 멈출 수 있습니까? 지금이라도 손을 씻어야 합니다. 지금이라도 마음을 씻어야 합니다. 지금이라도 하나님께로 가까이 가야 합니다. 그래야 희망이 있습니다. 하나님께로 돌이키면 기다렸다는 듯이 하나님께서 우리에게 성큼 다가오십니다. 아니 이미 우리 곁에 가까이 와 계시는 하나님을 발견하게 됩니다.

□ 은혜 나누기
분쟁을 해결하기 위해 내가 할 수 있는 일이 무엇인지 함께 나누어봅시다.

□ 공동 기도
하나님 아버지, 우리의 시선은 하나님을 향하게 하시고, 우리의 두 손은 문제로부터 완전히 떠나게 하시고, 우리의 마음은 하나님의 말씀으로 정결하게 씻기게 해주세요. 그렇게 언제나 하나님께 가까이 나아가도록 우리를 도와주세요.

9월 4주

회개와 겸손

□ **주님의 기도** 주님이 가르쳐주신 기도로 가정예배를 시작합니다.

□ **찬송 부르기** 458장(너의 마음에 슬픔이 가득할 때)

□ **성경 읽기** 야고보서 4:9~10

　※ 개역개정판

⁹슬퍼하며 애통하며 울지어다. 너희 웃음을 애통으로, 너희 즐거움을 근심으로 바꿀지어다. ¹⁰주 앞에서 낮추라. 그리하면 주께서 너희를 높이시리라.

　※ 메시지성경

⁹⁻¹⁰땅을 치며 하염없이 우십시오. 놀고 즐기는 일은 끝났습니다. 신중하게, 참으로 신중하게 처신하십시오. 주님 앞에 무릎을 꿇으십시오. 여러분이 일어설 수 있는 길은 그 길뿐입니다.

□ **말씀 나누기**

　믿음의 공동체 안에서 벌어지는 분쟁을 해결하는 방법으로 야고보는 '하나님께 복종하는 것'(7절)과 '하나님을 가까이하는 것'(8절)을 제시했습니다. 이 모두는 분쟁의 원인이 되는 정욕을 버리는 행위입니다. 하나님께 복종하지 않으면서 정욕을 부추기는 마귀를 대적할 수 없습니다. 하나님을 가까이할 때에 정욕에서 손을 씻게 되고 사사로운 욕심을 가진 이중적인 마음을 정결하게 할 수 있습니다.

땅을 치며 울라

계속해서 야고보는 회개와 겸손에 대해서 말합니다. "슬퍼하며 애통하며 울지어다. 너희 웃음을 애통으로, 너희 즐거움을 근심으로 바꿀지어다"(9절). 슬퍼하고grieve 애통하고mourn 우는 것wail은 모두 '회개'와 관련되어 있는 말입니다. 분쟁을 해결하기 위한 가장 좋은 방법은 회개입니다.

그런데 회개는 웃으면서 하는 것이 아닙니다. 회개는 적당히 하는 것이 아닙니다. 회개는 위기를 모면하기 위한 수단이 아니기 때문입니다. 회개는 신중해야 합니다. 심각해야 합니다. 그래서 애통하며, 가슴을 치며, 슬퍼하며, 눈물 흘리며 하는 것입니다.

이것은 분쟁의 당사자들에게만 필요한 것이 아닙니다. 믿음의 공동체 안에 싸움과 다툼이 일어나는 것을 목격하는 모든 사람들에게도 이와 같이 아파하는 마음이 있어야 합니다. 왜냐하면 그 분쟁에서 자유로울 수 있는 사람은 아무도 없기 때문입니다. 우리에게도 그 일에 대해서 어느 정도의 책임이 있기 때문입니다.

지극히 세속적인 풍토가 교회 안으로 들어오도록 방치한 일에 대해서 우리들은 책임이 있습니다. 성공지상주의와 물질만능주의를 추구하는 우상숭배를 단호히 거절하지 못한 우리들의 잘못을 회개해야 합니다.

메시지성경은 "땅을 치며 하염없이 우십시오. 놀고 즐기는 일은 끝났습니다. 신중하게, 참으로 신중하게 처신하십시오"라고 풀이합니다. 아주 실감나는 표현입니다. 정말 그렇습니다. 회개는 장난스럽게 할 일이 아닙니다. 땅을 치며 울어야 할 일입니다. 다른 사람을 비난하거나 책임을 떠넘기는 방식으로는 문제가 해결되지 않습니다. 오히려 문제가 더욱 복잡해집니다. 이건 우리 자신의 일로 심각하게 받아들여야 합니다.

주 앞에서 낮추라

계속해서 야고보는 말합니다. "주 앞에서 낮추라. 그리하면 주께서 너희를 높이시리라"(10절). 믿음의 공동체에서 다툼은 정욕으로부터 난다고 했습니다. 사람들이 정욕을 품는 가장 중요한 이유는 높아지기 위해서입니다. 물론 중요한 자리를 기대하는 것은 잘못된 일이 아닙니다. 그러나 그 자리를 반드시 차지해야 하겠다고 사사롭게 욕심을 부리는 것은 정욕입니다. 높아지기 위해 욕심 부리는 그런 사람들 때문에 교회 안에서 다툼이 일어나는 것입니다.

그런데 그렇게 스스로 높아지겠다고 발버둥 친다고 해서 높아질 수 있습니까? 아닙니다. 세상에서는 그런 방식이 통할지 모르지만, 믿음의 공동체에서는 절대로 통하지 않습니다. 하나님은 오히려 스스로 낮추는 사람을 높여주십니다. 스스로 자격이 없다고 겸손해하는 사람들에게 중요한 직분을 맡기십니다.

메시지성경은 "주님 앞에 무릎을 꿇으십시오. 여러분이 일어설 수 있는 길은 그 길뿐입니다"라고 풀이합니다. 이것이 기독교 신앙의 역설입니다. 무릎을 꿇어야 일어설 수 있습니다. 사람들은 무릎을 꿇는 것을 굴욕이요 실패라고 생각합니다. 자신의 주장을 떳떳이 밝히고 그것을 이루기 위해서 수단 방법 가리지 않고 이루어내야 성공이라고 생각합니다. 그러니까 분쟁이 생길 수밖에요. 기독교 신앙은 다릅니다. 하나님께 무릎을 꿇어야 일어설 수 있습니다. 겸손하게 자신을 낮추어야 높아집니다.

바울도 빌립보서에서 이와 비슷한 말을 했습니다. 그리스도인은 주님의 마음을 품는 사람들입니다. 주님의 마음이 무엇입니까? 자신을 낮추는 마음입니다. 충분한 자격이 있으신 분이지만 그 자격을 주장하지 않으시고 자기를 비우신 마음입니다. 그랬더니 어떻게 되었습니까? 하나님이 높여주셨습니다. "지극히 높여 모든 이름 위에 뛰어난 이름을 주셨다"(빌 2:9)고 했습니다. 이것은 주님만이 아니라 주님을 믿고 따르는 그리스도인들에게도 그대로 적용되는 말씀입니다.

그런데 신앙생활한다는 사람들 중에는 이와 같은 '주님의 마음'이 아니라 '마귀의 마음'을 품는 사람들이 적지 않습니다. 이기적인 욕심에 사로잡혀서 스스로 높은 자리를 차지하려고 합니다. 수단과 방법을 가리지 않고 별별 명분을 만들어가면서 스스로 높아지려고 합니다. 그래서 믿음의 공동체에서 다툼이 생겨나는 것입니다.

하나님이 높여주셔야 높아지는 겁니다. 하나님은 '주 앞에서 낮추는 자'를 높여주십니다. 어떤 중요한 일을 맡기시든지 늘 겸손하게 자기를 낮추며 그 일을 또한 겸손하게 감당할 수 있는 사람을 높이시는 것입니다.

□ 은혜 나누기

만일 높아지려는 목적을 위해서 낮춘다면 그것을 겸손이라 할 수 있을까요? 함께 나누어봅시다.

□ 공동 기도

하나님 아버지, 다른 사람을 향한 비난의 손길을 거두고 먼저 우리 자신의 죄를 슬퍼하며 회개할 수 있게 해주세요. 높아지기 위해서가 아니라 주님처럼 살기 위해서 언제나 자신을 겸손하게 낮출 수 있게 해주세요.

재림을 기다리는 사람
(10 ~ 12월)

비방과 판단

□ 주님의 기도 주님이 가르쳐주신 기도로 가정예배를 시작합니다.

□ 찬송 부르기 321장(날 대속하신 예수께)

□ 성경 읽기 야고보서 4:11~12

※ 개역개정판

11형제들아, 서로 비방하지 말라. 형제를 비방하는 자나 형제를 판단하는 자는 곧 율법을 비방하고 율법을 판단하는 것이라. 네가 만일 율법을 판단하면 율법의 준행자가 아니요 재판관이로다. 12입법자와 재판관은 오직 한 분이시니 능히 구원하기도 하시며 멸하기도 하시느니라. 너는 누구이기에 이웃을 판단하느냐.

※ 메시지성경

11-12친구 여러분, 서로 헐뜯지 마십시오. 그런 식의 험담은 하나님의 말씀, 그분의 메시지, 그분의 고귀한 법을 짓밟는 행위입니다. 여러분은 메시지를 존중해야지, 거기에 낙서를 해서는 안 됩니다. 사람의 운명은 하나님이 정하십니다. 도대체 여러분이 누구이기에 다른 사람의 운명에 간섭할 수 있단 말입니까?

□ 말씀 나누기

지금까지 우리는 믿음의 공동체 안에서 벌어지는 분쟁의 원인과 그 해결 방법에 대한 야고보의 권면을 묵상해왔습니다. 이제 야고보는 방향을 조금 바꾸어, 믿음의 형제에 대해서 비방하고 판단하는 일에 초점을 맞추어 권면합니다.

비방과 험담

야고보는 말합니다. "형제들아, 서로 비방하지 말라." 비방誹謗이란 '남을 헐뜯고 해치는 말'을 뜻합니다. NIV 성경은 "서로 중상모략하지 말라"(Do not slander one another)고 합니다. 대부분 이런 말들은 상대방이 없는 곳에서 이루어집니다. 그래서 비방을 험담backbiting이라고도 합니다. '뒤에서back 물어뜯는다biting'는 뜻입니다. 이것은 정말 비겁한 행동이 아닐 수 없습니다.

그리고 상대에게 치명적일 수 있습니다. 왜냐하면 그것에 대하여 변명할 기회를 주지 않기 때문입니다. 이른바 '아니면 말고' 식으로 함부로 말하는 이러한 비방과 험담 때문에 얼마나 많은 사람들이 상처를 입는지 모릅니다.

그런데 야고보는 지금 정치인들에게 이 말을 하고 있는 것이 아닙니다. 하나님을 믿지 않는 세상 사람들에게 말하는 것도 아닙니다. 누구에게 말하고 있습니까? 그렇습니다. 형제들입니다. 그리스도인들입니다. 믿음의 공동체 안에서 한 하나님을 섬기는 성도들입니다. 그들이 서로 비방하고 있었던 것이지요!

사람들은 왜 서로를 비방하는 것일까요? 세 가지 정도의 이유가 있습니다. 첫째, 재미있기 때문입니다. 뒤에서 남의 말을 하는 것이 참 재미있습니다. 두 번째는 상대방을 깎아내리고 싶은 마음이 있기 때문입니다. 상대방을 깎아내려야 자기가 높아진다고 생각하는 것이지요. 이보다 더 중요하고 근원적인 이유는 바로 세 번째입니다. 마귀가 그를 붙잡고 있기 때문입니다.

마귀가 하는 일이 바로 비방하고 참소하는 것입니다(계 12:10). 욥기에 등장하는 사탄도 욥을 참소하지 않습니까? 비방과 험담은 마귀의 일입니다. 그런데 그리스도인들 중에 마귀가 하는 일을 대신하면서 다니는 그런 사람들이 있다는 겁니다. 마귀가 그를 붙잡아서 종으로 부려먹고 있기 때문입니다. 하나님의 종이 되어야 할 사람들이 마귀의 종노릇을 하고 있다니요.

판단과 정죄

야고보는 또한 "형제를 판단하는 자는 곧 율법을 판단하는 것이라"고 말합니다. 판단判斷은 비방과 비슷하면서도 약간 다른 의미를 가지고 있습니다. 판단judge은 도덕적인 가치평가를 내리는 것입니다. 마치 판사a judge가 피고의 죄를 확정하여 선고하듯이, 그렇게 다른 사람들을 함부로 정죄하는 태도가 바로 판단입니다.

비방이 악한 것처럼 판단 또한 악한 것입니다. 그 이유는 율법을 판단하는 것이기 때문입니다. 율법은 하나님의 말씀입니다. 우리 주님은 율법의 정신을 두 가지로 요약하셨습니다. 즉 하나님 사랑과 이웃 사랑입니다. 그런데 형제를 판단하고 정죄한다면 율법의 정신을 훼손하고 하나님의 말씀을 판단하는 것과 같습니다. 하나님을 믿지 않는다면 모를까, 하나님을 믿는다고 하면서 형제를 그렇게 판단할 수는 없는 일입니다.

이 부분을 메시지성경은 이렇게 번역합니다. "그런 식의 험담은 하나님의 말씀, 그분의 메시지, 그분의 고귀한 법을 짓밟는 행위입니다. 여러분은 메시지를 존중해야지, 거기에 낙서를 해서는 안 됩니다." 판단은 하나님의 말씀에 낙서하는 심각한 범죄 행위입니다. 하나님의 고귀한 법을 짓밟으면서 어떻게 하나님을 믿는다고 할 수 있겠습니까?

비방이나 판단이 잘못된 또 다른 이유는 율법을 제정한 하나님에 대한 도전이기 때문입니다. 야고보는 "네가 만일 율법을 판단하면 율법의 준행자가 아니요 재판관이로다. 입법자와 재판관은 오직 한 분이시라"고 말합니다. 그렇습니다. 우리들은 율법을 지키는 자들이지 율법을 만드는 자들이 아닙니다.

그런데 율법을 지켜야 할 우리들이 만일 율법을 판단한다면, 그것은 율법을 만든 입법자, 곧 하나님을 판단하는 것이 됩니다. 하나님만이 구원과 심판을 결정하실 수 있습니다. 그런데 자신이 하나님이나 된 것처럼 사람들을 함부로 정죄하고 판단한다면 그것은 하나님의 주권에 대한 심각한 도전입니다.

야고보는 "너는 누구이기에 이웃을 판단하느냐?"는 질문으로 마무리합니다. 메시지성경은 "사람의 운명은 하나님이 정하십니다. 도대체 여러분이 누구이기에 다른 사람의 운명에 간섭할 수 있단 말입니까?"라고 번역합니다. 우리는 비방하거나 판단하는 사람이 아닙니다. 격려하고 위로하고 세워주는 사람이어야 합니다. 깎아내리고 험담하고 수군거리는 것은 마귀의 일입니다. 이웃을 내 몸과 같이 사랑하는 것은 성도의 일입니다. 우리는 지금 어떤 일을 더 열심히 하고 있습니까?

▢ 은혜 나누기
나는 비판하는 말과 격려하는 말 중에서 어떤 말을 더 많이 하고 있습니까?
▢ 공동 기도
하나님 아버지, 우리의 입에 파수꾼을 세우시고 우리 입술의 문을 지켜주세요. 어떤 경우에도 다른 사람을 비방하거나 판단하는 말을 하지 않게 하시고, 특히 우리 가족들이 서로에게 격려하고 세워주는 말을 많이 할 수 있게 해주세요.

믿음과 경제활동 1

□ 주님의 기도 주님이 가르쳐주신 기도로 가정예배를 시작합니다.

□ 찬송 부르기 432장(큰 물결이 설레는 어둔 바다)

□ 성경 읽기 야고보서 4:13~14

※ 개역개정판

¹³들으라. 너희 중에 말하기를 오늘이나 내일이나 우리가 어떤 도시에 가서 거기서 일 년을 머물며 장사하여 이익을 보리라 하는 자들아. ¹⁴내일 일을 너희가 알지 못하는도다. 너희 생명이 무엇이냐. 너희는 잠깐 보이다가 없어지는 안개니라.

※ 메시지성경

¹³⁻¹⁴"오늘이나 내일 이러저러한 도시에 가서 일 년 정도 머물면서, 사업을 시작해 큰돈을 벌어야겠다"고 건방진 소리를 하는 여러분에게 한마디 하겠습니다. 여러분은 내일에 대해 아무것도 알지 못합니다. 여러분은 햇빛이 조금만 비쳐도 금세 사라지고 마는 한 줌 안개에 지나지 않습니다.

□ 말씀 나누기

이방인의 사도요 전도자였던 바울은 "어떻게 하면 구원받을 것인가?"에 관심을 가지고 있었습니다. 믿음으로 말미암아 구원받는다는 이신칭의^{以信稱義} 교리가 그와 같은 바울의 관심을 잘 요약합니다. 그에 비해서 예루살렘교회의 목회자였던 야고보의 관심은 "구원받은 사람이 어떻게 믿음대로 살 것인가?" 즉 '믿음의 생활화'에 있었습니다.

따라서 야고보서는 '신앙'보다는 '생활'과 관련된 주제들을 많이 다루고 있습니다. 오늘 본문은 '장사하는 일'에 대한 것입니다.

새로운 계획

야고보는 이런 말로 시작합니다. "들으라. 너희 중에 말하기를 오늘이나 내일이나 우리가 어떤 도시에 가서 거기서 일 년을 머물며 장사하여 이익을 보리라 하는 자들아"(13절). 예나 지금이나 유대인들의 상술은 참으로 대단합니다. 현재 세계 경제의 주도권을 유대인들이 장악하고 있다고 해도 지나친 말이 아닙니다. 본문은 초대교회의 상황을 잘 묘사해 주고 있습니다.

당시는 로마제국의 전성기였습니다. 로마의 지배하에 있던 곳곳에 많은 도시가 건설되었습니다. 새로운 도시가 건설되면서 그곳에 거주할 시민을 모으게 되는데, 유대인들이 그 도시로 들어가면 언제나 자금이 모이고, 활발한 상권이 형성되었습니다. 오늘 본문에서 지도를 펴놓고 있는 유대인 상인들의 모습을 그려볼 수 있습니다. 이 상인들은 지도 위에 있는 어느 한 도시를 가리키며 말합니다.

"이곳으로 가면 돈을 벌 수 있겠다! 한 일 년쯤 머물면서 장사를 하면 큰 재미를 보게 될 것이다. 오늘이나 늦어도 내일 당장에 출발해야 하겠다."

자, 이렇게 말하는 사람들이 누구였을까요? 야고보가 섬기고 있던 예루살렘교회의 성도들이었을 것입니다. 세상 사람들이 세상 방법으로 돈 벌겠다 하는데 야고보가 그들에게 이러쿵저러쿵 참견할 수는 없는 일입니다. 그러나 그들이 성도들이라면 다른 이야기입니다. 그

들은 하나님을 믿는 사람들이요, 야고보의 목회 대상입니다. 그리스
도인에게는 장사하여 돈을 버는 경제활동에도 신앙적인 태도가 적용
되어야 하기 때문입니다.

안개 같은 인생

그들에게 야고보는 말합니다. "내일 일을 너희가 알지 못하는도다.
너희 생명이 무엇이냐. 너희는 잠깐 보이다가 없어지는 안개니라"(14
절). 어떻게 보면 한창 꿈에 부풀어 있는 사람에게 찬물을 끼얹는 것
같습니다. "내일 일을 알지 못하는 게 인생인데, 잠깐 보이다 사라지는
안개 같은 게 인생인데, 거기 가면 일 년 동안 큰돈을 벌 수 있겠다고
생각하느냐? 꿈 깨라!" 그런 말 아니겠습니까?

메시지성경은 그들의 계획에 대해서 '건방진 소리'라고 표현합니
다. 한 치 앞의 일을 알지 못하는 인간이 이런저런 꿈에 부풀어 김칫국
부터 마시고 있으니, 건방진 소리인 것이지요. 그렇다면 무엇입니까?
아무것도 하지 말아야 할까요? 장사하여 돈을 버는 경제적인 활동이
아무런 가치가 없다는 이야기입니까?

그런 이야기가 아닙니다. 야고보는 지금 새로운 사업을 시작한다
거나 돈을 버는 것이 모두 쓸데없는 일이라고 말하려는 것이 아닙니
다. 오히려 그들의 계획 속에 하나님이 포함되지 않았다는 점을 지적
하려고 하는 것입니다. 이 부분에 대해서는 다음 시간에 더 자세히 살
펴보겠습니다. 그러나 오늘 본문에도 우리가 깊이 생각해야 할 말씀
이 있습니다. 그것은 인생이 안개 같다는 사실입니다.

순식간瞬息間이라는 말이 있습니다. '눈 깜빡할 사이'라는 뜻입니다.
인생이 그렇습니다. 살아가는 동안 경제적인 활동이 반드시 필요합니
다. 돈이 있어야 생활할 수 있습니다. 그러나 순식간에 지나는 안개

같은 인생이 끝나면 더이상 돈은 필요하지 않게 됩니다. 모두 내려놓고 가야 하는 겁니다. 사실 우리에게 필요한 돈은 그리 많지 않습니다. 안개 같은 인생을 사는 동안 필요한 만큼만 있으면 됩니다.

그런데 사람의 욕심이 어디 그렇습니까? 기왕이면 돈을 많이 벌고 싶어 합니다. 그래서 이런저런 계획도 세웁니다. 그러다가 돈을 버는 것이 삶의 목적이 되고 맙니다. 돈 벌면 버는 재미에 발목 잡히고, 돈을 벌지 못하면 또한 그것에 발목 잡혀 신앙의 길에서 떠나는 사람들이 얼마나 많이 있습니까?

지금 이들은 경제적으로 궁핍한 상태가 아니었습니다. 가진 게 없는 사람들이 해외에 나가서 새로운 큰 사업을 구상할 수는 없는 일이지요. 가질 만큼 가졌는데 더 가지고 싶어 하는 그런 사람들입니다. 그들을 향해 야고보는 인생의 엄숙한 진리를 말씀하고 있습니다. 인생은 안개라는 것을 잊지 말라는 겁니다. 그렇습니다. 인생은 안개라는 것을 잊지 말아야 합니다. 짧은 인생을 돈 버는 일로만 모두 써버리지 말아야 합니다. 안개 같은 인생으로 우리가 준비해야 할 영원한 세계가 있습니다.

▫ 은혜 나누기
나는 돈에 대해서 어떻게 생각하고 있습니까? 함께 나누어봅시다.
▫ 공동 기도
하나님 아버지, 돈이 우리 인생의 주인이 되지 않게 해주세요. 돈 버는 것이 삶의 목적이 되지 않게 해주세요. 우리가 들어가야 할 영원한 하나님의 나라를 잘 준비할 수 있게 해주세요.

10월 3주 　**믿음과 경제활동 2**

□ 주님의 기도 주님이 가르쳐주신 기도로 가정예배를 시작합니다.

□ 찬송 부르기 549장(내 주여 뜻대로)

□ 성경 읽기 야고보서 4:15~16

　※ 개역개정판

　[15]너희가 도리어 말하기를 주의 뜻이면 우리가 살기도 하고 이것이나 저것을 하리라 할 것이거늘 [16]이제도 너희가 허탄한 자랑을 하니 그러한 자랑은 다 악한 것이라.

　※ 메시지성경

　[15-16]오히려 "주님이 원하셔서 우리가 살게 된다면, 이러저러한 일을 하겠다"고 말하는 습관을 들이십시오. 사실, 여러분은 우쭐거리는 자아로 가득 차 있습니다. 그런 자만은 다 악한 것입니다.

□ 말씀 나누기

　야고보는 다른 도시로 가서 장사하여 많은 돈을 벌겠다는 계획을 세우는 사람들을 향해서 인생은 안개라는 사실을 잊어서는 안 된다고 말했습니다. 그러나 야고보의 말은 새로운 사업을 시작할 필요가 없다던가, 돈 버는 일이 아무 가치 없다는 뜻이 아닙니다. 오히려 그들의 계획 속에 하나님이 포함되지 않았다는 점을 지적하고 싶어 합니다.

주님의 뜻이라면

야고보는 말합니다. "너희가 도리어 말하기를 주의 뜻이면 우리가 살기도 하고 이것이나 저것을 하리라 할 것이거늘 이제도 너희가 허탄한 자랑을 하니 그러한 자랑은 다 악한 것이라"(15-16절). 안개 같은 인생을 살아가는 우리들은 '주님의 뜻'을 가장 먼저 물어야 합니다. '만일 주님의 뜻이라면 if it is the Lord's will'이 우리 삶의 화두話頭가 되어야 합니다. 왜냐하면 시간의 주인은 하나님이시기 때문입니다.

우리 인생을 시작하게 하신 분도 하나님이시오, 끝나게 하시는 분도 하나님이십니다. 이 사실을 정말 제대로 알고 있는 사람이라면 어떤 계획을 세우거나 실행하기 전에 먼저 하나님의 계획을 묻는 순서를 따르게 될 것입니다. 그러지 않으면서 "이러저러한 도시에 가서 사업을 시작해 큰돈을 벌어야겠다!"고 큰소리치는 것은 정말 '건방진 소리'가 아닐 수 없습니다.

이 부분을 메시지성경은 "주님이 원하셔서 우리가 살게 된다면, 이러저러한 일을 하겠다고 말하는 습관을 들이십시오"라고 번역합니다. 정말 그렇습니다. 매일 아침 일어나서 우리들은 이렇게 기도해야 합니다. "오늘도 주님이 원하셔서 나에게 생명을 주셨으니 주님의 뜻대로 하루를 살게 해주세요." 어떤 사업을 시작할 때에도 마찬가지입니다. 우리는 "주님이 원하셔서 하게 된다면…"이라는 말을 빼먹지 말아야 합니다.

우리가 원하는 계획을 잘 세웠다고 해서 그것이 전부가 아닙니다. 주님이 원하셔야 합니다. 하나님의 섭리와 도우심이 없는 계획은 결국 실패할 수밖에 없습니다.

허탄한 자랑

"만일 주님의 뜻이라면…"이라는 표현을 즐겨 사용했던 사람이 있습니다. 바로 사도 바울입니다. 몇 군데만 찾아보겠습니다.

"여러 사람이 더 오래 있기를 청하되 허락하지 아니하고 작별하여 이르되 만일 하나님의 뜻이면 너희에게 돌아오리라 하고 배를 타고 에베소를 떠나…"(행 18:20-21).

"주께서 허락하시면 내가 너희에게 속히 나아가서 교만한 자들의 말이 아니라 오직 그의 능력을 알아보겠으니 하나님의 나라는 말에 있지 아니하고 오직 능력에 있음이라"(고전 4:19-20).

보이십니까? "만일 하나님의 뜻이라면, 만일 주께서 허락하시면 이런 일도 하고 저런 일도 하리라!" 이것은 그냥 아무 의미 없이 하는 말이 아닙니다. 자신의 인생이 하나님의 손에 달려있다는 분명한 확신 속에서 나온 고백입니다.

그런데 사람들은 이 말을 곧잘 빼먹곤 합니다. 하나님 없이 인생을 설계하고 추진합니다. 그러면서도 잘 될 것이라고 큰소리치지요. 그것을 가리켜서 야고보는 '허탄한 자랑'이라고 표현합니다. 아니 단지 허탄한 자랑일 뿐만 아니라 '악한 것'이라고 말합니다. 하나님 없이 계획되고 이룬 것들은 그냥 중성 상태로 남아있지 않습니다. 반드시 악한 것이 되고 맙니다.

다윗을 보십시오. 그는 '하나님의 마음에 합한 자'라는 칭찬을 받았던 사람이었습니다. 그렇지만 그의 생애에도 두 번의 큰 실패가 있었습니다. 하나는 밧세바 사건이요, 다른 하나는 인구조사 사건입니다. 이 일들로 인해 다윗은 하나님께 책망을 받았습니다. 아무리 하나님의 마음에 합한 자라고 하지만 하나님의 뜻을 빼먹으면 그렇게 실수도 하고 실패도 하게 되는 것입니다.

특히 인구조사 사건에서 다윗은 결정적인 실수를 합니다. 인구조사의 표면적인 목적은 이스라엘의 군사력을 파악하기 위함이었습니다. 그러나 그것은 전쟁에서 승리를 주시는 분은 하나님이라는 전통적인 신앙에서 벗어난 생각이었습니다. 물론 다윗은 하나님의 뜻을 물어보지 않고 진행했습니다. 다윗의 오른팔이었던 요압이 그 계획의 잘못된 점을 지적했지만(대상 21:3-4), 다윗의 고집은 막무가내였습니다.

그 결과는 하나님의 책망이었습니다. 하나님은 다윗의 일을 "악하게 여기셨다"(대하 21:7)고 합니다. 아무리 위대한 성군 다윗이라고 하더라도 하나님 없이 일을 추진하면 결국 악한 일을 하게 되는 것입니다. 그 일로 인해 하나님의 심판이 이스라엘에 임했던 불행한 역사를 우리는 잘 알고 있습니다(대하 21:14).

하나님 없이 계획되고 이룬 것들은 결국 악한 것이 되고 맙니다. 우리의 기도에서 주님의 뜻을 구하는 내용이 빠지지 않도록 해야 합니다. "만일 주님의 뜻이라면 우리가 살기도 하고 이것이나 저것을 하리라!"고 말하는 습관을 가지고 있어야 합니다. 그리고 실제로 그렇게 살아가야 합니다. 우리가 원하는 계획이 아니라 주님이 원하시는 계획을 따라서 살아가도록 먼저 하나님의 뜻을 물어야 할 것입니다.

□ 은혜 나누기

나의 기도에는 '주님의 뜻이라면'이라는 내용이 들어있습니까?

□ 공동 기도

하나님 아버지, 우리의 생각이나 계획이 하나님의 뜻보다 앞서지 않게 해주세요. 무엇이든지 먼저 하나님의 뜻을 묻고 시작할 수 있게 해주세요. 우리가 원하는 계획이 아니라 하나님이 원하시는 계획에 따라서 살아가게 해주세요.

10월 4주   앎과 행함

- 주님의 기도 주님이 가르쳐주신 기도로 가정예배를 시작합니다.
- 찬송 부르기 324장(예수 나를 오라 하네)
- 성경 읽기 야고보서 4:17

  ※ 개역개정판

  17그러므로 사람이 선을 행할 줄 알고도 행하지 아니하면 죄니라.

  ※ 메시지성경

  17여러분이 옳은 일을 할 줄 알면서도 하지 않는 것, 그것이 바로 여러분의 죄 악입니다.

- 말씀 나누기

  경제활동을 할 때에도 반드시 하나님의 뜻을 먼저 물어야 한다고 야고보는 강조합니다. 그러지 않고 아무리 대단한 계획을 세우고 실 제로 그것을 이루었다고 하더라도 결국 그것은 자신과 다른 사람에게, 또한 하나님에게 악한 것이 되고 맙니다.

  따라서 우리 그리스도인들은 "만일 주님의 뜻이라면 우리가 살기 도 하고 이것이나 저것을 하리라"고 말하고 실천하는 습관에서 벗어 나지 말아야 합니다. 이렇게 말하고 난 후에, 야고보는 4장 마지막 절 에서 매우 중요한 결론을 이끌어냅니다.

소극적인 신앙생활

"그러므로 사람이 선을 행할 줄 알고도 행하지 아니하면 죄니라"(약 4:17).

이 말씀은 바로 앞에서 다룬 주제의 결론으로 보기에는 조금 어색합니다. 하나님의 뜻을 묻지 않으면 무엇이 선한 일인지 알지 못합니다. 그래서 결국 악한 일을 할 수밖에 없다고 했습니다. 그런데 오늘 본문은 선을 알면서 그것을 행하지 않는 죄에 대해서 이야기하고 있습니다. 그러니 바로 앞 본문의 결론으로 보기에 어색하다는 것입니다.

사실 이 말씀은 지금까지 야고보가 다루어온 모든 주제에 대한 결론입니다. 야고보는 '신앙과 생활의 일치', '신앙의 생활화'라는 화두를 가지고 계속 권면해왔습니다. 이와 같은 말씀들을 통해서 야고보서 독자들은 무엇이 하나님의 뜻인지 보다 분명하게 알게 되었습니다. 그 결론으로 야고보는 '선을 행할 줄 알고도 행하지 아니하면 죄'라고 선포하고 있는 것입니다.

메시지성경은 "여러분이 옳은 일을 할 줄 알면서도 하지 않는 것, 그것이 바로 여러분의 죄악입니다"로 풀이합니다. 옳은 일이라는 것을 압니다. 그것을 마땅히 해야 한다는 것도 잘 압니다. 그리고 또한 그 일을 할 수 있습니다. 그러면서도 하지 않는다면 그것이 곧 '죄'라는 이야기입니다.

여기에서 우리는 죄에 대하여 폭넓은 새로운 이해를 가져야 한다는 사실을 알게 됩니다. 우리는 "하지 말라"는 명령을 어겼을 때 죄를 범했다고 합니다. 예를 들어 "선악과를 따먹지 말라"고 했는데 아담과 하와가 따먹었습니다. 그것은 물론 죄입니다. 그러나 하나님께서 이렇게 명령하실 때에 사실은 아담과 하와가 선악과를 따먹지 않는 것이 아니라 생명나무의 실과를 따먹기를 기대하셨습니다. 그래서 동산 중앙에 두 나무를 만들어 놓고 선악과를 따먹지 말라고 하신 것입니다.

구약성경을 자세히 들여다보면 "하지 말라"는 부정적인 명령과 "하라"는 긍정적인 명령이 함께 있다는 사실을 알게 됩니다. "하지 말라"는 것을 안 했다고 충분하지 않습니다. "하라"는 계명을 따르지 않으면 그것이 죄입니다. 십계명을 보더라도 "하라"는 계명은 두 가지입니다. 안식일 계명과 부모 공경의 계명이 그것입니다. 그런데 우리는 그 계명조차도 "하지 말라"는 부칙을 만들어서 결국 부정적인 계명으로 바꾸어놓지 않았습니까?

적극적인 신앙생활

하나님이 원하시는 것은 이와 같은 소극적인 태도가 아닙니다. 오히려 적극적으로 하나님의 뜻을 이루기 위해서 무엇을 해야 할 것인가를 찾기를 원하십니다. 주님께서 가장 큰 계명을 뭐라고 말씀하셨습니까? "하나님을 사랑하라"는 것과 "이웃을 내 몸과 같이 사랑하라"는 이 두 가지입니다. "하라"는 것을 하는 게 더 중요합니다.

야고보는 오늘 본문에서 바로 그 점을 정확하게 지적하고 있습니다. 소극적으로 죄를 짓지 않는 것이 신앙생활의 목표가 아니라는 겁니다. 적극적으로 하나님의 뜻을 행하면서 살아가는 것이 우리들의 목표가 되어야 한다는 것입니다. 하나님께서 "하라"고 하신 말씀을 적극적으로 실천하는 것이 신앙생활의 내용이 되어야 합니다. 선을 행해야 한다는 것을 알면서도 하지 않는 것이 심각한 죄입니다.

주님께서도 누가복음에서 이 말씀을 하셨습니다.

"주인의 뜻을 알고도 준비하지 아니하고 그 뜻대로 행하지 아니한 종은 많이 맞을 것이요 알지 못하고 맞을 일을 행한 종은 적게 맞으리라"(눅 12:47-48a).

우리들은 곧잘 그렇게 기도합니다. 하나님의 뜻을 알게 해달라고 말입니다. 그런데 정말 하나님의 뜻을 안다면 실제로 그렇게 살게 될

까요? 그렇지 못합니다. 하나님의 뜻을 몰라서가 아니라, 알면서도 하나님의 뜻대로 순종하지 않는 경우가 훨씬 더 많이 있습니다. 하나님의 뜻을 알면 반드시 그 뜻대로 행해야 합니다. 그렇지 않으면 몰라서 지키지 못한 경우보다 더 큰 책임을 하나님께서 물으실 것입니다.

이 부분을 메시지성경으로 읽으면 참 재미있습니다.

"주인이 무엇을 원하는지 알고도 무시하거나, 건방지게 자기 마음대로 하는 종은 흠씬 두들겨 맞을 것이다. 그러나 알지 못해서 일을 제대로 못한 종은 회초리 몇 대로 그칠 것이다"(눅 12:47-48a, 메시지).

하나님의 말씀을 배워나갈 때에 '앎'에 대해서 책임지는 자세를 가지는 것이 중요합니다. 아는 대로 살지 않을 거라면 군이 하나님의 말씀을 배워서 알 필요가 없겠지요. 그리스도인들은 하나님의 뜻을 아는 일에 열심을 품을 뿐만 아니라 그 뜻대로 살아가는 일에 더욱 큰 열심을 품어야 합니다. 알고도 행하지 않는 것이 죄입니다.

□ 은혜 나누기

나는 아는 대로 행하고 있습니까? 만일 그러지 못하고 있다면 그 이유가 무엇이라 생각합니까? 함께 나누어봅시다.

□ 공동 기도

하나님 아버지, 주님이 우리에게 '하라' 말씀하신 것을 실제로 할 수 있게 해주세요. 그리고 깨달아 아는 대로 살아갈 믿음의 용기를 우리에게 허락해주세요.

11월 1주   믿음과 축재蓄財

□ 주님의 기도 주님이 가르쳐주신 기도로 가정예배를 시작합니다.

□ 찬송 부르기 94장(주 예수보다 더 귀한 것은 없네)

□ 성경 읽기 야고보서 5:1~3

※ 개역개정판

¹들으라. 부한 자들아. 너희에게 임할 고생으로 말미암아 울고 통곡하라. ²너희 재물은 썩었고 너희 옷은 좀먹었으며 ³너희 금과 은은 녹이 슬었으니 이 녹이 너희에게 증거가 되며 불 같이 너희 살을 먹으리라. 너희가 말세에 재물을 쌓았도다.

※ 메시지성경

¹⁻³마지막으로, 거만하게 구는 부자들에게 말합니다. 슬퍼하며 몇 가지 가르침을 받으십시오. 그대들은 재난이 닥칠 때 눈물을 담을 양동이가 필요할 것입니다. 그대들의 돈은 썩었고, 그대들의 좋은 옷은 역겹기 그지없습니다. 그대들의 탐욕스런 사치품은 내장에 생긴 암과 같아서, 안에서부터 그대들의 생명을 파괴하고 있습니다. 그대들은 스스로 재물을 쌓아 올렸다고 생각하겠지만, 그대들이 쌓아 올린 것은 다름 아닌 심판입니다.

□ 말씀 나누기

야고보서의 마지막 장에 들어와서 야고보는 '부한 자들에 대한 경고'의 말씀으로 시작합니다. 이 말씀을 통해서 우리 그리스도인들이 물질에 대해서 어떠한 태도를 가져야 할지 배울 수 있습니다.

모든 악의 뿌리

야고보는 말합니다. "들으라. 부한 자들아. 너희에게 임할 고생으로 말미암아 울고 통곡하라." 부자들은 조금 억울하다고 생각할 수도 있을 겁니다. 부자들 중에는 얼마든지 착한 사람들도 많이 있고 물질을 선용하는 사람들도 많이 있습니다. 그런데 단지 부자라는 이유로 이렇게 비판의 대상이 되어야 하니 얼마나 억울한 일입니까?

부자가 된다는 것이 정말 나쁜 일일까요? 야고보는 지금 "부자가 되려고 하지 말라"고 가르치고 있는 것일까요? 아닙니다. 부富는 선악의 가치를 판단할 수 없는 중성中性입니다. 돈은 나쁜 것도 좋은 것도 아닙니다. 그런데 실제로는 돈으로 인해 이 세상의 온갖 악들이 생산되는 것을 봅니다. 돈이 악해서가 아니라 사람들이 돈에 대해서 악한 마음을 가지기 때문입니다.

사도 바울은 "돈을 사랑함이 일만 악의 뿌리가 된다"(딤전 6:10)고 말했습니다. 돈은 더 높은 가치를 위해 사용해야 할 수단입니다. 그런데 많은 사람들이 그 수단을 목적으로 삼으려고 합니다. 사랑의 대상으로 삼으려고 합니다. 그렇게 욕심을 부리다가 온갖 시험에 사로잡히고 결국 파멸과 멸망에 다다르게 되는 것입니다.

오늘 본문에서 야고보가 말한 '부한 자'들은 바로 이와 같이 돈을 사랑하는 사람들, 돈을 목적으로 삼는 사람들을 가리키고 있습니다. 문제는 그들이 교회 밖에 있는 사람들이 아니라 교회 안에 있는 사람들이라는 사실입니다. 메시지성경은 "슬퍼하며 몇 가지 가르침을 받으십시오. 그대들은 재난이 닥칠 때 눈물을 담을 양동이가 필요한 것입니다"라고 표현합니다. 이렇게 준엄한 심판을 당하는 부자들이라면 틀림없이 돈을 사랑하는 탐심을 가지고 있는 것임에 틀림없습니다. 무엇을 보고 그것을 알 수 있을까요?

썩고 있는 재물

다음과 같은 야고보의 말에서 우리는 알게 됩니다. "너희 재물은 썩었고 너희 옷은 좀먹었으며 너희 금과 은은 녹이 슬었으니 이 녹이 너희에게 증거가 되며 불 같이 너희 살을 먹으리라"(2-3a절). 그들은 필요 이상으로 부를 쌓아두었습니다. 재물wealth이 썩을 정도로 있었고, 옷clothes이 좀 먹을 정도로 많이 있었습니다. 심지어 금과 은도 녹이 슬 정도였습니다.

"이 녹이 증거가 된다"고 야고보는 말합니다. 무슨 증거입니까? 그들이 돈을 사랑하는 사람이라는 증거입니다. 돈은 수단이어야 합니다. 그런데 돈 자체를 사랑의 대상이요 목적으로 삼은 것입니다. 그래서 자기만을 위해서 재물을 쌓아두기만 했지 하나님을 위해, 이웃을 위해 한 번도 사용한 적이 없습니다. 아무 데도 사용하지 않아 녹이 슨 것이지요. 바로 그 녹이 자기에 대해서는 부요했지만 하나님을 위해서는 인색했었다는 증거이고, 자기를 위해서는 넘쳤지만 이웃을 향해서는 빈손이었다는 증거입니다.

주님이 말씀하신 '어리석은 부자의 비유'(눅 12:16-21)와 비슷합니다. 풍성하게 소출을 거둬들인 부자가 기존의 창고를 헐어버리고 더 크게 지으려고 했다는 이야기 말입니다. 하나님은 그에게 "어리석은 자!"라고 하십니다. 왜요? 하나님의 계획은 그날 밤에 그의 영혼을 불러가는 것이었기 때문입니다. 그렇게 된다면 그 많은 재물이 과연 누구 것이 되겠습니까? 자기를 위해 쌓아둔 재물은 자기 것이 되지 않습니다.

그뿐만이 아니라 오히려 자신에게 큰 해를 끼칩니다. 야고보는 "불 같이 너희 살을 먹는다"고 표현합니다. 장례식에서 화장火葬하는 장면을 보신 분들은 "불이 살을 먹는다"는 게 무슨 뜻인지 아실 것입니다. 물론 돈으로 얼마든지 좋은 일을 많이 할 수 있을 것입니다. 그러나 실제로는 돈 때문에 인간관계가 파괴되는 것을 더 많이 봅니다. 갑자기 생긴 돈 때문에 죄를 짓게 되거나 그로 인해 가족이 무너진다면 그 돈은 복이 아니라 저주입니다. 돈으로 인해 사람을 잃어버리고 믿음도 잃어버린다면 그 많은 돈이 무슨 소용이겠습니까?

야고보는 "너희가 말세에 재물을 쌓았다"고 합니다. 말세末世가 가까워지면 인생을 정리해야 합니다. 특히 가지고 있던 재물은 다 내려놓고 나누어주고 그래야 합니다. 그런데 돈을 사랑하는 사람들은 그러지 못합니다. 오히려 거꾸로 갑니다. 말세에도 재물을 계속 쌓아둡니다. 메시지성경은 이렇게 표현합니다. "그대들은 스스로 재물을 쌓아 올렸다고 생각하겠지만, 그대들이 쌓아 올린 것은 다름 아닌 심판입니다."

그렇기 때문에 정말 지혜로운 부모는 자녀들에게 재산을 많이 남겨주려고 하지 않습니다. 차라리 재물에 대한 신앙적인 바른 자세를 가르칩니다.

□ 은혜 나누기
나는 부자가 되게 해달라고 기도해본 적이 있습니까? 함께 나누어봅시다.
□ 공동 기도
하나님 아버지, 우리 가정이 부자가 되게 해주세요. 우리 가정만을 위해 재물을 쌓아두는 부자가 아니라, 하나님을 위해 이웃을 위해 마음껏 사용하는 그런 부자가 되게 해주세요.

재림의 지연

11월 2주

□ 주님의 기도 주님이 가르쳐주신 기도로 가정예배를 시작합니다.

□ 찬송 부르기 176장(주 어느 때 다시 오실는지)

□ 성경 읽기 야고보서 5:7~9

※ 개역개정판

⁷그러므로 형제들아 주께서 강림하시기까지 길이 참으라. 보라, 농부가 땅에서 나는 귀한 열매를 바라고 길이 참아 이른비와 늦은 비를 기다리나니 ⁸너희도 길이 참고 마음을 굳건하게 하라. 주의 강림이 가까우니라. ⁹형제들아 서로 원망하지 말라. 그리하여야 심판을 면하리라. 보라 심판주가 문 밖에 서 계시니라.

※ 메시지성경

⁷⁻⁸친구 여러분, 주님이 오실 때까지 참고 기다리십시오. 여러분도 알다시피, 농부들은 늘 이렇게 합니다. 농부들은 귀한 곡식이 자라기를 기다립니다. 더디지만, 비가 내려 분명한 결과를 낼 것을 인내심을 가지고 기다립니다. 여러분도 그렇게 참고 기다리십시오. 마음을 한 결 같이 강하게 하십시오. 주님은 언제라도 오실 수 있습니다. ⁹친구 여러분, 서로 원망하지 마십시오. 여러분도 알다시피, 훨씬 큰 원망이 여러분을 기다리고 있을지 모릅니다. 심판하실 분께서 가까이 와 계십니다.

□ 말씀 나누기

지난 시간에 우리는 재물에 대한 탐심을 경고하는 말씀을 묵상했습니다. 우리가 사랑해야 할 대상은 돈이 아니라 하나님이십니다. 우리의 목표는 이 땅에서 물질적인 풍요를 누리는 것이 아니라 하나님 나라에서 영생을 누리는 것입니다. 오늘은 재림의 지연이 가져온 위기에 대한 이야기입니다.

재물에 대한 탐심

초대교회는 임박한 주님의 재림을 기다리는 믿음의 공동체였습니다(마 16:28). 그러나 주님의 다시 오심, 즉 '파루시아parousia'는 자꾸 지연되었습니다. 주님과 함께 생활했던 사람들이 하나둘씩 죽어 가는데 파루시아가 나타날 기미는 보이지 않습니다. 그것은 초대교회 믿음의 공동체에 심각한 신앙적인 위기를 가져왔습니다.

"묵시가 없으면 백성이 방자히 행한다"(잠 29:18)고 했습니다. 주님의 재림은 그리스도인들에게 묵시이며 꿈입니다. 하나님의 약속인 재림에 근거하여 신앙생활을 하면 방자하게 살지 않습니다. 그러나 그 묵시가 흔들리면 그때부터 믿음의 공동체 안에 심각한 문제들이 생겨납니다. 그 문제 중의 하나가 바로 재물에 대한 탐심이었습니다.

임박한 주님의 재림을 믿는다면 사실 돈에 욕심을 낼 이유가 없습니다. 주님이 곧 오실 텐데 왜 돈에 욕심을 부리겠습니까? 실제로 예루살렘교회는 '재산과 소유를 팔아 각 사람의 필요를 따라 나누어 주던'(행 2:45) 믿음의 공동체였습니다. 그럴 수 있었던 것은 주님이 곧 재림하실 것이라 확신했기 때문입니다.

그런데 파루시아가 자꾸 지연되면서 재림에 대한 확신이 점점 희미해져 갔습니다. 자신의 재산을 팔아서 형제들에게 나누어주던 헌신도 점점 줄어들었습니다. 그렇게까지 할 필요가 없다고 생각하게 된 것이지요. 오히려 재물에 대해 탐심을 품는 사람들, 즉 '말세에 재물을 쌓아두는' 사람들(3절)이 생겨나게 되었습니다.

그들에게 야고보는 말합니다. "형제들아, 주께서 강림하시기까지 길이 참으라." 언제까지 기다려야 합니까? '주께서 강림하시기까지'입니다. 그때가 언제일까요? 아무도 모릅니다. 오직 하나님 아버지만 아시고 결정하십니다. 그러나 반드시 옵니다. 우리가 할 일은 그때까지 믿음을 가지고 길이 참는 것입니다.

원망과 다툼

야고보는 농부의 이미지를 사용하여 파루시아 지연의 문제를 설명합니다. "보라, 농부가 땅에서 나는 귀한 열매를 바라고 길이 참아 이른 비와 늦은 비를 기다리나니…"(7b절). 농사에서 기다림은 필수입니다. 이스라엘 농부들은 가을에 내리는 이른 비를 기다렸다가 파종하고, 봄에 내리는 늦은 비를 기다렸다가 추수합니다. 아무리 급하다고 비를 빨리 내리게 할 수는 없습니다. 모든 것에는 때가 있습니다.

주님의 재림도 마찬가지라는 것입니다. 우리가 농부 같은 마음을 가진다면 끝까지 참고 기다릴 수 있습니다. 주님의 재림은 기정사실입니다. 왜냐하면 하나님은 반드시 약속을 지키시는 분이기 때문입니다. 그 약속을 믿는다면 우리는 끝까지 참고 기다릴 수 있는 것입니다.

그러면서 야고보는 "서로 원망하지 말라"고 권면합니다. 야고보는 이미 지체들 사이에 일어나는 다툼에 대해서 언급했습니다. 그 원인을 '정욕' 때문이라고 말했지요(약 4:1). 그런데 믿음의 공동체 안에서 왜 정욕이 생겨날까요? 그것 또한 파루시아의 지연이 가져온 부작용입니다. 주님의 재림에 대한 기대가 사라지니까, 서로 높은 자리 차지

하겠다고 지체들끼리 싸우는 일들이 벌어지게 된 것이지요.

지체肢體는 몸을 구성하는 '부분parts'입니다. 그 지체들이 서로 싸우는 모습을 한번 상상해보십시오. 오른손이 왼손과 싸우고, 오른발이 왼발과 싸웁니다. 한 손으로 자기 목을 조르고 다른 손으로 그것을 뜯어말립니다. 그런 일들이 교회 안에서 벌어지고 있는 것입니다. 이 모두 주님의 재림을 확신하지 못하기 때문에 생겨나는 일들입니다.

야고보는 선언합니다. "보라, 심판주가 문 밖에 서 계시니라." 지금 주님은 문 밖에서 서서 문고리를 잡고 계십니다. 문을 열고 들어오는 것은 시간문제입니다. 주님이 들어오셔서 재물을 욕심껏 쌓아두고 서로 원망하며 다툼을 벌이는 우리의 모습을 보신다면 어떻게 하실까요? 정말 두려운 일이 아닐 수 없습니다. 지금 당장 문을 박차고 들어오지 않으시는 것이 오히려 큰 은혜입니다.

주님의 재림을 포함시키지 않고 신앙생활 하면 우리도 이렇게 됩니다. 그러니 정신 차려야 합니다. 하나님의 묵시를 놓치지 않도록 늘 깨어서 기도해야 합니다.

□ 은혜 나누기
나는 주님의 재림에 대해서 어떻게 생각하고 있습니까? 함께 나누어봅시다.
□ 공동 기도
하나님 아버지, 재림에 대한 확신이 없으면 우리의 신앙생활이 뒤죽박죽된다는 사실을 깨닫게 해주세요. 농부가 참고 기다리듯이 우리들도 끝까지 참고 기다릴 수 있게 해주세요.

11월 3주 　　믿음과 맹세

□ 주님의 기도 주님이 가르쳐주신 기도로 가정예배를 시작합니다.

□ 찬송 부르기 545장(이 눈에 아무 증거 아니 뵈어도)

□ 성경 읽기 야고보서 5:12

　※ 개역개정판

　[12]내 형제들아, 무엇보다도 맹세하지 말지니 하늘로나 땅으로나 아무 다른 것
으로도 맹세하지 말고 오직 너희가 그렇다고 생각하는 것은 그렇다 하고 아니
라고 생각하는 것은 아니라고 하여 정죄 받음을 면하라.

　※ 메시지성경

　[12]하나님은 돌보시는 분임을 알았으니, 이제 여러분의 말로 그 사실을 알리십
시오. 여러분의 말에 '맹세하건대' 같은 표현을 덧붙이지 마십시오. 하나님을
재촉하려고 맹세를 덧붙이는 조급함을 보이지 마십시오. 그저 '예'라고 하거
나, '아니요'라고만 하십시오. 참된 것만 말하십시오. 그래야 여러분의 말이
여러분을 거스르는 데 사용되지 않을 것입니다.

□ 말씀 나누기

　지난 시간에 우리는 파루시아의 지연이 가져온 신앙적인 위기와
문제들에 대해서 살펴보았습니다. 오늘은 '맹세'에 대한 가르침을 살
펴보겠습니다.

맹세하지 말라

야고보는 이렇게 말합니다. "내 형제들아, 무엇보다도 맹세하지 말지니 하늘로나 땅으로나 아무 다른 것으로도 맹세하지 말고…"(12a절). 이것은 본래 우리 주님이 하신 말씀인데(마 5:33-37), 야고보가 이 대목에서 다시 인용하고 있는 것입니다.

맹세盟誓란 어떤 약속이나 목표를 꼭 실천하겠다고 다짐하는 것입니다. 그러니까 자신의 말이나 약속의 진정성을 입증하기 위해서 다른 증인의 이름을 빌려 확언確言하는 행위입니다. 구약시대에는 '하나님'이나 '하늘'이나 '땅'을 증인으로 내세우곤 했습니다. 우리나라 사람들은 "성을 갈겠다"거나 "손가락에 장을 지지겠다"는 식으로 맹세를 하지요. 그런데 어떻습니까? 실제로 그렇게 하던가요?

주님은 그런 맹세를 아예 하지 말라고 말씀하셨습니다. 왜냐하면 사람은 약속을 지킬 수 없기 때문입니다. 한 시간 후의 일을 알지 못하는 사람들이 어떻게 미래의 일에 대해서 장담할 수 있겠습니까? 그런데 사람들이 맹세를 좋아합니다. 자신의 한계를 알지 못하는 허풍 때문입니다. 과대포장하고 싶은 욕심 때문입니다.

주님은 "오직 옳다 옳다, 아니라 아니라 하라. 이에서 지나는 것은 악으로부터 난다"(마 5:37)고 말씀하셨습니다. 그러니까 '예' 해야 하는 일에 대해서는 '예' 하고, '예' 할 수 없는 일에 대해서는 '아니'라고 하라는 겁니다. 야고보도 "오직 너희가 그렇다고 생각하는 것은 그렇다 하고 아니라고 생각하는 것은 아니라 하여 정죄 받음을 면하라"(12b절)고 말합니다.

그런데 사실, 우리는 '그렇다', '아니다'도 잘 못 합니다. 왜 그럴까요? 계산이 많기 때문입니다. 이해득실을 따지기 때문입니다. 빌라도는 주님에게 아무런 죄가 없다는 사실을 잘 알았습니다. 그렇지만 주님을 십자가에 못박으라는 압력에 '아니라' 하지 못했지요.

반면 세례 요한은 생명을 잃게 된다는 것을 알면서도 헤롯의 비윤리적인 행위에 대해서 '아니라' 했습니다. 사실 순교자는 한마디의 거짓말을 하지 않으려고 죽는 사람입니다. 예수님을 믿지 않는다고 한 마디만 하면 생명을 지킬 수 있지만, 그 한마디의 거짓말을 못해서 죽는 사람이 바로 순교자입니다.

박해의 상황

그렇다면 '맹세'하지 말고 단순히 '그렇다, 아니다'로 말하라는 이유가 무엇입니까? 야고보는 왜 하필 이 대목에서 주님의 말씀을 인용하고 있는 것일까요? 그것은 초대교회 믿음의 공동체가 직면하고 있는 박해적인 상황 속에서만 가장 잘 이해될 수 있습니다.

앞에서 야고보는 파루시아의 지연 문제를 다루었습니다. 초대교회 성도들이 임박한 주님의 재림을 그토록 간절히 기다렸던 이유는 바로 교회에 대한 극심한 박해 때문이었습니다. 임박한 재림에 대한 그들의 소망은 박해를 이겨낼 수 있는 힘이 되었습니다. 그런데 파루시아의 지연은 그 소망을 흔들어 놓았고, 많은 그리스도인들의 믿음을 약화시켰습니다.

그래서 야고보는 "길이 참으라"(7절)고 권면하고 "인내함으로 주께서 주신 결말을 보아야 한다"(11절)고 말했습니다. 그러고 나서 맹세에 대한 말씀을 인용하고 있는 것입니다. 자, 그렇다면 무엇입니까? 야고보는 지금 무엇을 강조하고 싶어 하는 것일까요? 주님의 재림을 정말 믿는다면, 그 믿음을 말로도 표현할 수 있어야 한다는 것입니다.

그런데 맹세는 믿음을 보이는 말이 아닙니다. 맹세는 메시지성경의 표현처럼 '하나님을 재촉하려는 조급함'일 뿐입니다. 특별히 이것

은 시한부 종말론자들에게서 쉽게 발견되는 태도입니다. 자기들 마음
대로 시간을 정해놓고 하나님을 끌어들이려고 하는 것을 믿음으로 착
각하는 것입니다. 그것은 믿음이 아닙니다. 오히려 믿음 없음과 조급
함을 드러낼 뿐입니다.

　　믿음의 사람들은 오직 참된 것만 말합니다. 복잡하게 계산하지 않
습니다. 단순히 '예' 해야 할 때 '예'라고 하고, '아니요' 해야 할 때 '아니
요'라고 말하는 사람입니다. 지키지도 못할 약속을 해놓고 괜히 그것
을 하나님에게 떠넘기지 말고, 오늘 주어진 삶 속에서 매순간 '그렇다'
라고 하거나 '아니다'라고 하면서 정직하게 살면 됩니다. 그렇게 매일
매일 믿음을 지키며 살아가는 사람들이 마침내 순교자의 반열에 설
수도 있는 것입니다.

　　마지막 때가 다가올수록 우리는 말을 통해 우리의 믿음을 보일 수
있어야 합니다. 과장된 맹세가 아니라, 정직하고 단순한 '예'와 '아니
요'가 우리의 믿음을 드러냅니다. 매순간 주님께 '예' 하며 살다가 주님
의 재림을 맞이하기를 간절히 소망합니다.

▫ 은혜 나누기
나에게 주어진 상황에서 주님께 '예' 하는 일이 어떤 것인지 함께 나누어봅
시다.
▫ 공동 기도
하나님 아버지, 믿음을 지키기 너무나 힘든 세상입니다. 그러나 '예' 해야 할
때 '예'라고 하고, '아니요' 해야 할 때 '아니요'라고 할 수 있는 믿음의 용기를
우리에게 부어주세요.

11월 4주   기도와 찬송

□ 주님의 기도 주님이 가르쳐주신 기도로 가정예배를 시작합니다.

□ 찬송 부르기 361장(기도하는 이 시간)

□ 성경 읽기 야고보서 5:13

　　※ 개역개정판

　　¹³너희 중에 고난 당하는 자가 있느냐 그는 기도할 것이요 즐거워하는 자가 있

　　느냐 그는 찬송할지니라.

　　※ 표준새번역

　　¹³여러분 가운데 고난을 받는 사람이 있습니까? 그런 사람은 기도하십시오.

　　즐거운 사람이 있습니까? 그런 사람은 찬송하십시오.

□ 말씀 나누기

　　예수님의 친동생으로서 예루살렘교회를 섬기는 목회자였던 야고보는 극심한 박해를 피하여 사방에 흩어진 성도들과 그중에도 예루살렘에 남아있는 믿음의 형제들을 위로하고 격려하기 위하여 야고보서를 썼습니다. 야고보의 일관된 관심은 '신앙의 생활화'입니다. "예수 그리스도에 대한 믿음이 어떻게 삶으로 나타날 수 있는가?" 하는 문제에 야고보는 집중하고 있습니다.

　　이것은 특히 박해 상황에서 더욱 심각한 질문이 아닐 수 없습니다. 신앙의 고백이 곧 순교를 의미했던 당시에 많은 사람들은 그리스도인

으로서 자신의 정체성을 감추고 조용히 숨어서 지낼 수밖에 없었습니다. 그러나 삶으로 고백되지 않은 믿음은 진정한 믿음이라고 할 수 없습니다. 생명의 주인 되신 하나님을 믿는다면 상황이 어떻든지 간에 그 믿음이 삶으로 표현되어야 합니다.

고난 당할 때의 기도

믿음을 삶으로 풀어내는 가장 중요한 모습 중의 하나는 바로 '기도'입니다. 특히 고난 당할 때 더더욱 그렇습니다. 야고보는 기도의 사람이었습니다. 그가 얼마나 많이 기도를 했던지, 무릎이 낙타의 그것처럼 헤어졌다 해서 낙타무릎이라는 별명이 붙여질 정도였습니다.

그런데 야고보가 그렇게 기도할 수밖에 없었던 이유가 있었습니다. 그것은 바로 박해 상황이었습니다. 예루살렘교회의 목회자로서 그는 박해의 최전방에 서 있었습니다. 다른 성도들은 박해를 피하여 사방으로 흩어졌지만, 목회자였던 그는 교회를 지켜야 했습니다.

야고보의 신앙생활에서 기도를 빼놓으면 남는 것이 없습니다. 특히 고난과 박해의 위협 속에서 그가 하나님을 절대 신뢰할 수 있는 방법은 오직 기도였습니다. 낙타 무릎 야고보가 권면합니다. "너희 중에 고난 당하는 자가 있느냐? 그는 기도할 것이요…"(13a절). 야고보는 수많은 고난을 기도로 이겨왔습니다. 그리고 순교를 당하던 마지막 순간에도 기도를 통해 영광스러운 순교자의 반열에 설 수 있었습니다. 그 자신의 삶으로 성도들에게 권면하고 있는 것입니다.

야고보가 말하는 고난은 우리가 생각하는 삶의 어려움 정도가 아니었습니다. 예수 믿는다는 것 때문에 생명의 위협을 당해야 하는 그런 종류의 고난이었습니다. 그런 고난은 사실 얼마든지 비켜갈 수 있습니다. 하나님을 포기하기만 하면 아주 간단하게 해결되는 문제입니다. 그러나 야고보는 하나님을 포기하지 않았습니다. 오히려 하나님을 더욱 신뢰하였습니다. 그의 기도가 바로 하나님을 신뢰한다는 증거였습니다.

즐거울 때의 찬송

그러나 그것이 전부는 아닙니다. 그다음 단계가 필요합니다. 바로 찬송입니다. "즐거워하는 자가 있느냐 그는 찬송할지니라"(13b절). NIV 성경은 "행복한 사람은 찬양하십시오"(Is anyone happy? Let him sing songs of praise)라고 합니다. 그런데 여기에서 '행복'이란 고난 중에 있던 사람이 기도를 통해서 얻게 되는 행복을 말합니다.

기도를 통해서 문제가 해결되었거나, 아니면 문제가 해결되지 않았더라도 마음의 평안과 확신을 얻게 되었다거나 했을 때에도 하나님을 기억하고 감사하며 찬양하라는 것입니다. 기도가 고난 당할 때에 하나님을 향한 믿음을 나타내는 것이라고 한다면, 찬송은 그 문제로부터 자유함을 얻게 된 후에도 하나님을 향한 믿음을 보이는 태도라고 할 수 있습니다. 기도와 찬송은 모두 믿음이 삶으로 표현된 것들입니다.

그러나 이 두 가지가 함께 나타나는 것은 생각처럼 쉽지 않은 일입니다. 힘들고 어려울 때에 하나님께 열심히 기도하는 사람들은 많이 있습니다. 그러나 문제가 해결되고 일이 풀리고 난 후에 하나님께 감사하며 찬양하는 사람들은 그리 많지 않습니다. 그 반대도 마찬가지입니다. 아무런 어려움이 없을 때에는 신앙생활을 잘하지만 큰 고난을 당하게 될 때에 믿음에 실족하는 사람들도 많이 있습니다.

그것은 마치 '천수답 농사'와 비교할 수 있을 것입니다. 상황과 조건에 따라서 농사가 달라지는 것입니다. 진정한 믿음은 전천후 농사입니다. 어떤 상황에서도 하나님을 인정하고 살아가는 것입니다. 고

난 중에도 하나님을 인정하며 기도하는 사람, 문제가 해결된 이후에
도 늘 하나님을 인정하며 찬양하는 사람, 이런 사람들이 바로 신앙의
전천후 농사를 짓는 사람들입니다.

기도에는 성공하더라도 찬양에는 실패하는 사람들이 많이 있습니
다. 찬양에는 성공해도 기도에는 실패하는 사람들도 많이 있습니다.
제대로 된 신앙생활은 기도와 찬양, 동시에 성공하는 것입니다. 고난
당할 때는 열심히 기도하고, 문제가 해결된 후에는 열심히 하나님을
찬양해야 합니다. 힘들 때에도 하나님을 인정하고, 잘될 때에도 하나
님을 높이는 사람이야말로 하나님께서 참으로 귀히 여기시는 하나님
나라의 백성인 것입니다.

믿음은 반드시 삶으로 표현되어야 합니다. 기도와 찬양은 하나님
을 향한 믿음을 보이는 신앙생활의 두 기둥입니다. 기도와 찬양에 모
두 성공하는 우리 가정이 되기를 간절히 소망합니다.

□ 은혜 나누기
나는 '기도'와 '찬양' 모두에 성공하고 있습니까? 함께 나누어봅시다.
□ 공동 기도
하나님 아버지, 우리 가정이 고난 당할 때에는 하나님께 기도하게 하시고, 즐
거울 때에는 하나님을 찬양하게 해주세요. 힘들 때에도 하나님을 인정하게 하
시고, 잘될 때에도 하나님을 높일 수 있게 해주세요.

사랑의 기도

11월 5주

□ 주님의 기도 주님이 가르쳐주신 기도로 가정예배를 시작합니다.

□ 찬송 부르기 388장(비바람이 칠 때와)

□ 성경 읽기 야고보서 5:14

※ 개역개정판

¹⁴**너희 중에 병든 자가 있느냐 그는 교회의 장로들을 청할 것이요 그들은 주의 이름으로 기름을 바르며 그를 위하여 기도할지니라.**

※ 메시지성경

¹⁴아픈 데가 있습니까? 교회의 지도자들을 불러 주님의 이름으로 함께 기도하고, 기름을 발라 달라고 하십시오.

□ 말씀 나누기

야고보는 "고난 당할 때 기도하고 즐거울 때 찬송하라"고 권했습니다. 기도와 찬송은 하나님을 향한다는 점에 있어서 뿌리가 같습니다. 기도와 찬송은 하나님을 향한 믿음을 보이는 신앙생활의 두 기둥입니다. 우리 모두 기도와 찬송에 성공하는 믿음의 사람이 되기를 소망합니다.

병들었을 때의 기도

계속해서 야고보는 병들었을 때에도 기도하라고 권면합니다. "너희 중에 병든 자가 있느냐 그는 교회의 장로들을 청할 것이요 그들은 주의 이름으로 기름을 바르며 그를 위하여 기도할지니라"(14절).

몸이 아플 때 사람들은 병원을 찾습니다. 그러나 야고보는 교회의 장로들을 청하여 기도를 요청하라고 합니다. 우리는 종교적 신념 때문에 수혈을 거부하여 생명을 잃게 되는 이야기들을 종종 접합니다. 또는 오직 기도로 병을 고칠 수 있다고 확신하여 아예 병원을 찾지 않는 것을 믿음이라고 생각하는 사람들도 있습니다. 그런 분들이 제일 좋아하는 말씀이 바로 오늘 본문입니다.

물론 기도를 통해서 불치의 병들이 고쳐지는 놀라운 이적이 일어나기도 합니다. 그러나 그렇다고 해서 무작정 의술을 거부하는 것은 올바른 믿음의 태도가 아닙니다. 의술 또한 하나님께서 사람들을 치료하시는 방법 중의 하나이기 때문입니다.

야고보가 강조하려고 하는 것은 "병들었을 때에도 하나님을 기억하라"는 것입니다. 고난 중에도 하나님을 기억하여 기도하고, 즐거울 때에도 하나님을 기억하여 찬송하듯이, 병들고 아플 때에도 만병의 의사가 되시는 하나님을 먼저 기억하라는 것입니다. 하나님을 기억하는 행위가 바로 교회의 장로들에게 '기도를 요청'하는 것입니다.

그런데 여기에서 '장로들'은 오늘날 교회 조직의 장로와는 조금 다른 개념입니다. NIV 성경은 엘더the elders라고 표현하는데, 미국연합감리교회에서는 안수 받은 목회자를 가리키는 용어로 사용됩니다. 초대교회 당시에도 다르지 않았습니다. 즉 교회와 성도들을 섬기는 목회자들에게 기도를 요청하라는 것입니다. 그러면 목회자들은 "주의 이름으로 기름을 바르며 그를 위하여 기도하라"고 합니다.

이 '기름'은 구체적으로 '올리브 기름'을 가리킵니다. 이스라엘 사람들은 전통적으로 올리브 기름을 상처와 질병을 치료하는데 사용해왔습니다(사 1:6, 눅 10:34, 막 6:13). 의술이 지금과 같이 발달하지 않은 당시로서는 올리브 기름이 매우 유용한 치료약이었습니다. 그러니까 하나님께 기도하는 것과 어떤 의학적인 재료의 도움을 받는 것은 서로 부딪히는 행위가 아닙니다.

사랑이 담긴 기도

기도에 대한 오해를 먼저 풀어야 합니다. 기도는 다른 사람에게 '받는 것'이 아닙니다. 기도는 하나님께 '하는 것'입니다. 오늘 본문에서도 "장로들에게 기도를 요청하고 기도를 받으라"고 말하지 않습니다. 오히려 "장로들은 그를 위하여 기도하라"고 말합니다. 기도는 어떤 사람이 '주고' 다른 사람이 '받는' 그런 성질의 것이 아닙니다.

어떤 경우에도 기도의 대상은 하나님입니다. 우리는 하나님께 기도합니다. 그 기도를 응답해주시는 분도 하나님이십니다. 능력이 많은 어떤 사람에게 기도를 받아야 병이 고쳐지는 것이 아니라는 말입니다. 병은 하나님께서 고치십니다. 따라서 "능력의 종에게 기도를 받으러 간다"는 말은 아주 잘못된 표현입니다.

그런데 왜 어떤 분들의 기도에는 놀라운 치유의 능력이 나타날까요? 왜 야고보는 다른 사람이 아니라 장로들 즉 그 교회의 목회자들에게 기도를 요청하라고 하는 것일까요? 그것은 그들을 가장 잘 이해하고 사랑하는 마음으로 기도할 수 있는 사람이기 때문입니다. 즉 사랑이 담긴 기도를 하나님께서 귀히 여기신다는 것입니다.

우리 주님이 공생애 기간에 하신 일들 중에 치유사역을 빼놓을 수 없습니다. 물론 주님은 하나님의 아들이시기에 놀라운 초자연적인 능력을 가지고 계셨습니다. 그러나 그 능력이 아니라 사랑의 힘으로 고치셨습니다. 주님의 마음은 "무리를 보시고 불쌍히 여기시니…"(마

9:36)라는 말씀에 가장 잘 표현되고 있습니다. 불쌍히 여기는 마음 즉 긍휼矜恤이 바로 주님의 마음이었습니다.

우리 주님은 당신의 능력을 보여주기 위해서 병든 사람들을 고치시지 않았습니다. 오히려 병들고 약한 사람들을 보실 때에 불쌍히 여기는 마음 때문에 그들의 병을 고쳐주신 것입니다. 우리가 가져야 할 것은 바로 이와 같은 주님의 마음입니다. 그 마음으로 기도하는 것이 '사랑의 기도'입니다. 그 기도에 놀라운 능력이 나타나고 치유의 은혜도 허락해주시는 것입니다.

주변에 몸과 마음의 질병으로 인해 고생하는 분들이 있습니다. 우리 모두 그 분들을 기억하며 기도해야 합니다. 우리에게는 치유의 능력이 없습니다. 그러나 안타까워하는 사랑의 마음과 기도에 하나님께서 가장 좋은 것으로 응답해주실 것입니다.

□ 은혜 나누기

내가 치유를 위해 기도하고 있는 분들에 대해서 함께 나누어봅시다.

□ 공동 기도

하나님 아버지, 몸과 마음의 질병과 싸우고 있는 성도들을 불쌍히 여기셔서 회복시켜 주세요. 그 분들을 마음에 품고 항상 기도하는 우리 가정이 될 수 있도록 도와주세요.

12월 1주　믿음의 기도

- 주님의 기도 주님이 가르쳐주신 기도로 가정예배를 시작합니다.
- 찬송 부르기 542장(구주 예수 의지함이)
- 성경 읽기 야고보서 5:15

> ※ 개역개정판
>
> [15]믿음의 기도는 병든 자를 구원하리니 주께서 그를 일으키시리라. 혹시 죄를 범하였을지라도 사하심을 받으리라.
>
> ※ 메시지성경
>
> [15]믿음으로 드리는 기도는 여러분을 낫게 해줄 것입니다. 예수께서 여러분을 일으켜 주실 것입니다. 또한 죄를 지은 것이 있으면 용서받을 것입니다. 안팎이 모두 치유될 것입니다.

- 말씀 나누기

지난 시간에 우리는 '사랑의 기도'에 대해서 묵상했습니다. 야고보가 병든 자에게 교회의 장로들을 청하라고 한 것은 목회자보다 더 그들을 사랑하고 염려하며 간절히 기도할 사람이 없기 때문입니다. 사랑이 언제나 기적을 일으킵니다.

육신의 치유

사랑의 기도와 함께 우리에게 필요한 것은 '믿음의 기도'입니다.

"믿음의 기도는 병든 자를 구원하리니 주께서 그를 일으키시리라"(15a절).

믿음의 기도는 '믿음으로 드리는 기도'를 말합니다. 기도를 하면서도 그 기도가 이루어질까 의심하거나 주저하면서 드리는 그런 기도가 아니라, 확실하게 믿으면서 드리는 기도입니다. 그러나 여기에서도 병을 고치는 것은 기도 자체가 아니라 하나님이시라는 사실을 우리는 기억해야 합니다.

하나님께서 우리의 믿음을 보시고 그 기도에 응답해주십니다. 그래서 야고보는 "믿음의 기도는 병든 자를 구원한다"(And the prayer offered in faith will make the sick person well)고 말한 후에, 곧 이어서 "주께서 그를 일으키시리라"(the Lord will raise him up)는 말을 덧붙여 놓고 있는 것입니다.

아무튼 병 치유의 역사와 관련해서 믿음은 아주 결정적인 요인입니다. 우리 주님이 치유사역을 하실 때에 아무나 고쳐주시지 않았다는 사실을 우리는 기억해야 합니다. 주님은 반드시 믿음이 있는지를 확인한 후에 고쳐주셨습니다.

침상에 누운 중풍병자를 고치시는 장면에서 우리 주님은 그를 데리고 온 친구들의 믿음을 보셨습니다(마 9:2). 그들은 그 친구를 주님께 데려오기 위해 지붕을 뚫는 일까지 했습니다(막 2:1-12). 어찌 보면 무모하고 예의에도 어긋나는 일이었습니다. 그러나 그들의 모습에서 주님은 믿음을 발견했습니다. 그 믿음을 보시고 중풍병자의 죄를 사해주시고 또한 그의 병도 고쳐주셨던 것입니다.

혈루증 앓던 여인이 치유 받는 장면에서도 마찬가지입니다. 사실 주님의 겉옷만 만져도 구원을 받을 수 있다고 믿는 여인의 믿음은 어찌 보면 미신적이라고 평가할 수도 있습니다. 그러나 그 믿음이 12년 동안 그 여인을 괴롭혀왔던 고질병이 치유되는 기적을 일으켰습니다.

이것에 대해서 주님은 "네 믿음이 너를 구원하였다"(마 9:22)고 선포하십니다. 병 치유의 기적에는 반드시 믿음이 있어야 합니다.

그런데 믿음이 없으면서도 고쳐달라고 요청하는 사람도 있습니다. 귀신들린 아들을 데리고 온 아버지가 바로 그런 사람이었습니다. 소문을 듣고 아들 병을 고치기 위해서 주님께 오기는 했지만, 그 아버지에게는 믿음이 없었습니다. 믿음이 없기 때문에 그는 '할 수 있거든'(막 9:22)이라는 단서를 붙였습니다.

물론 주님은 그것과 상관없이 고치실 수 있는 능력을 가지고 계십니다. 그러나 믿음 없이 병 고치는 것은 그의 인생에 아무런 변화와 의미가 없습니다. 그래서 주님은 굳이 믿음을 강조하셨습니다. "할 수 있거든이 무슨 말이냐? 믿는 자에게는 능히 하지 못할 일이 없다!"(막 9:23). 그제야 아버지는 허겁지겁 믿는다고 고백합니다.

갑자기 말을 바꾸는 그 믿음이 오죽할까요? '믿음 없음'을 고백할 수밖에 없는 그런 연약한 믿음입니다. 그러나 주님은 그 믿음을 보시고 병 치유의 은혜를 허락하셨습니다. 이 아버지의 모습에서 우리는 사랑의 기도 위에 믿음의 기도가 더해지는 것을 발견합니다. 자식의 고통을 가슴 아파하는 아버지의 사랑에 비록 연약하지만 믿음이 더해질 때에 이와 같은 놀라운 역사가 나타나게 된 것입니다.

내적인 치유

그런데 육신의 질병이 고쳐지는 것만 치유가 아닙니다. 야고보는 "혹시 죄를 범하였을 지라도 사하심을 받으리라"(15b절)고 말합니다. 죄의 용서는 우리의 내적인 치유를 말합니다. 육신의 질병이 고쳐졌다고 하더라도 내적인 치유가 일어나지 않으면 그것은 아무런 의미가 없습니다. 왜냐하면 언젠가 우리의 육신은 결국 병들어 죽게 되어 있기 때문입니다.

메시지성경은 이 점을 분명히 합니다. "믿음으로 드리는 기도는 여러분을 낫게 해줄 것입니다. 예수께서 여러분을 일으켜 주실 것입니다. 또한 죄를 지은 것이 있으면 용서받을 것입니다. 안팎이 모두 치유될 것입니다"(15절, 메시지). 그렇습니다. 안팎이 모두 고쳐져야 진정한 치유가 일어난 것입니다. 그래서 우리 주님도 죄를 용서하신 후에 병을 고쳐주신 것입니다.

'죄 사함'과 '병 치유'가 동시에 일어나는 것이 진정한 구원의 사건입니다. 따라서 믿음의 기도는 병 고침과 아울러 죄 사함에 대한 내용을 함께 담고 있어야 합니다. 병이 고쳐진 후에 건강한 육신을 가지고 만일 죄를 범하게 된다면, 그에게 병 치유는 축복이 아니라 저주입니다. 하나님은 그것을 원하지 않으십니다.

하나님은 '사랑의 기도'와 '믿음의 기도'에 기쁨으로 응답하십니다. 우리가 누군가를 위해 중보할 때마다 언제나 이 말씀을 기억하면서 기도해야 하겠습니다.

□ 은혜 나누기
나의 기도에는 '할 수 있거든'이라는 단서가 붙어있지 않습니까?

□ 공동 기도
하나님 아버지, 이제부터 우리는 병 고침만을 위해서 기도하지 않게 해주세요. 병 고침과 아울러 죄 사함을 위해서도 기도할 수 있게 해주세요.

12월 2주　　의인의 간구

□ 주님의 기도 주님이 가르쳐주신 기도로 가정예배를 시작합니다.
□ 찬송 부르기 539장(너 예수께 조용히 나가)
□ 성경 읽기 야고보서 5:16

※ 개역개정판

16그러므로 너희 죄를 서로 고백하며 병이 낫기를 위하여 서로 기도하라. 의인
의 간구는 역사하는 힘이 큼이니라.

※ 메시지성경

16여러분 모두가 함께 실천할 것이 있습니다. 서로 죄를 고백하고, 서로를 위
해 기도하십시오. 그러면 여러분의 병이 낫고 온전해져서 더불어 살 수 있을
것입니다. 하나님과 바른 관계를 맺고 사는 사람의 기도는, 하나님께서 헤아
리실 만큼 강력한 힘을 발휘합니다.

□ 말씀 나누기

　야고보는 고난 당할 때 기도하고, 즐거울 때 찬송하라고 권면했습
니다. 그리고 병들었을 때에 장로들에게 기도를 요청하고, 장로들은
주님의 이름으로 사랑의 기도를 하라고 했습니다. 거기에다가 믿음의
기도까지 더해지면 병든 자도 구원을 받게 될 것이라고 했습니다. 여
기에다가 야고보는 기도에 대한 새로운 차원을 제시합니다. 그것은
'의인의 간구'입니다.

관계의 치유

이 대목에서 우리는 지난 시간에 묵상한 질병의 온전한 치료에 대해서 다시 생각할 필요가 있습니다. 질병의 치유는 단순히 육신의 병이 낫는 것이 아닙니다. 죄의 용서를 통해서 내적으로 치유되는 것까지 포함합니다. '죄 사함'과 '병 치유'가 동시에 일어나는 것이 진정한 구원의 사건입니다. 안팎이 모두 치료되어야 합니다. 우리 주님께서 언제나 죄의 용서와 함께 병을 고쳐주신 것도 바로 이 때문입니다.

그런데 오늘 본문에서 야고보는 죄의 용서와 치유를 위한 기도는 하나님과 나와의 관계에서뿐만 아니라, 인간 사이의 관계에서도 일어나야 한다고 말합니다. "너희 죄를 서로 고백하며 병이 낫기를 위하여 서로 기도하라"(16a절)는 말씀이 바로 그것입니다. 이 부분을 메시지 성경은 이렇게 번역합니다. "여러분 모두가 함께 실천할 것이 있습니다. 서로 죄를 고백하고, 서로를 위해 기도하십시오. 그러면 여러분의 병이 낫고 온전해져서 더불어 살 수 있을 것입니다"(16a절, 메시지).

전통적으로 이스라엘 사람들은 질병을 죄의 결과라고 믿어왔습니다. 물론 어떤 사람이 병들었기 때문에 그 사람이 죄인이라는 식으로 해석하는 율법주의적인 주장에 우리는 동의할 수 없습니다. 그러나 예수님 당시의 종교지도자들은 그런 식으로 생각했습니다. 그래서 태어나면서부터 시각장애를 가진 사람을 무조건 죄인으로 판단했던 것입니다. 주님은 그런 편견에 대해서 단호히 반대하셨습니다.

그렇지만 질병과 죄 사이의 상호관계를 무시해서도 안 됩니다. 왜냐하면 죄로 인해 병든 관계가 육체적인 혹은 정신적인 질병을 가져오기 때문입니다. 야고보가 "서로의 죄를 고백하고 서로를 위해서 기도하라"고 권면하는 것은 바로 그 때문입니다.

우리가 정말 다른 사람의 치유를 위해서 기도하려면 그 사람에 대한 우리 자신의 죄를 고백하며 회개하는 일부터 시작해야 합니다. 혹시라도 상대방에 대해서 지었을지도 모르는 죄를 서로 고백하고, 서로 용서하면서 서로를 위해서 기도할 때에 안팎이 온전하게 치유되는 역사가 나타나는 것입니다.

'질병의 치유'는 '삶의 치유'와 '관계의 치유'로 나아가야 합니다. 아무리 육신의 질병이 고쳐졌다고 하더라도 병든 관계 속에 놓이게 되면 또다시 발병할 수밖에 없습니다. 따라서 메시지성경의 번역처럼, '병이 낫고 온전해져서 더불어 살 수 있게 되는' 그런 상태로 나아가는 것이야말로 진정한 치유라고 할 수 있는 것입니다.

바른 관계

또한 야고보는 "의인의 간구는 역사하는 힘이 크다"(16b절)고 말합니다. 그런데 의인은 어떤 사람을 말할까요? 사람들은 의인을 '도덕적으로 윤리적으로 아무 흠이 없는 사람'으로 이해하려고 합니다. 그렇게 본다면 이 세상에 의인은 한 사람도 없을 것입니다. 만일 그렇다면 누가 '의인의 간구'를 할 수 있겠습니까?

그러나 참으로 다행스러운 것은 성경에서 말하는 의인은 그런 '상태적인 개념'이 아니라 '관계적인 개념'이라는 사실입니다. 즉 하나님과 올바른 관계에 있는 사람이 바로 의인입니다. 그 사람이 과거에 아무리 흉악한 죄인이었다고 하더라도 예수 그리스도의 죄 사함의 은총을 힘입어 용서받고 하나님과 새로운 관계 속에 들어가 있다면 그 사람이 의인입니다.

이것은 개인적으로도 그렇지만 다른 사람과의 관계에서도 마찬가지입니다. 앞에서 말한 대로 '서로의 죄를 고백하고 용서하면' 그들은 의인의 관계 속에 들어가게 됩니다. 그런 상태에서 서로를 위해서 기도할 때에 병이 치유되는 놀라운 역사도 나타나게 된다는 것입니다. 기도라는 행위에 앞서서 관계가 회복되는 일이 선행되어야 합니다. 기도를 많이 하는 것보다 어떤 관계 속에서 기도하느냐가 더 중요합니다. 바른 관계에서 하나님께 드리는 기도가 놀라운 치유의 기적을 일으켜냅니다.

따라서 기도 요청을 받았을 때에, 우리는 단지 몇 마디 기도해 주는 것으로 의무를 다했다고 생각해서는 안 됩니다. '의인의 간구'를 할 수 있도록 우리 자신의 죄가 하나님께 또한 성도들에게 고백되어야 합니다. 관계가 회복된 상태에서 서로를 위해서 기도할 때에 강력한 하나님의 치유의 역사, 회복의 역사를 경험하게 되는 것입니다.

▫ 은혜 나누기
나는 기도의 요청을 받은 사람과의 관계 회복을 위해서 먼저 기도한 적이 있습니까? 함께 나누어봅시다.

▫ 공동 기도
하나님 아버지, 병 고침과 죄 사함을 위한 기도에서 관계의 회복을 위한 기도로 나아가게 해주세요. 먼저 하나님과의 바른 관계를 회복하고, 또한 그 사람과의 바른 관계를 회복한 후에 기도할 수 있게 해주세요.

12월 3주 엘리야의 기도

☐ **주님의 기도** 주님이 가르쳐주신 기도로 가정예배를 시작합니다.

☐ **찬송 부르기** 135장(어저께나 오늘이나)

☐ **성경 읽기** 야고보서 5:17~18

※ 개역개정판

[17]엘리야는 우리와 성정이 같은 사람이로되 그가 비가 오지 않기를 간절히 기도한즉 삼 년 육 개월 동안 땅에 비가 오지 아니하고 [18]다시 기도하니 하늘이 비를 주고 땅이 열매를 맺었느니라.

※ 메시지성경

[17-18]예컨대, 엘리야는 우리와 똑같은 사람이었으나, 비가 오지 않게 해달라고 간절히 기도하자 비가 내리지 않았습니다. 삼 년 육 개월 동안 한 방울도 내리지 않았습니다. 그 후에 비를 내려 달라고 기도하자 비가 내렸습니다. 소나기가 내려 모든 것이 다시 자라기 시작했습니다.

☐ **말씀 나누기**

야고보는 고난과 박해 속에서 믿음을 보이는 삶으로 기도를 이야기합니다. 고난 중에 기도하고 즐거울 때 찬송하는 것은 어떤 경우에도 하나님을 인정하는 진정한 믿음의 모습입니다. 특히 육신의 질병으로 고통 당할 때 사랑의 기도, 믿음의 기도와 의인의 간구를 할 것을 요청했습니다. 질병의 치유는 삶의 치유와 관계의 치유로 나아가야 한다는 것이 야고보의 분명한 확신입니다.

그런데 이런 식으로 기도를 이야기하면, 기도가 어떤 특별한 사람들이나 할 수 있는 것처럼 생각할 수도 있습니다. 그런 오해를 갖지 않도록 야고보는 기도란 누구든지 할 수 있는 것이라는 점을 강조합니다.

평범한 사람의 기도

엘리야는 이스라엘 예언자 운동의 한 획을 그은 위대한 인물이었습니다. 바알 선지자와 갈멜산에서 대결하는 사건은 엘리야의 가장 유명한 이야기입니다. 이스라엘 사람들은 장차 마지막 때에 엘리야가 다시 올 것이라는 기대를 가지고 있었습니다(마 17:10). 우리 주님이 변화산에서 구약을 대표하는 두 인물과 함께 대화를 나누는데 그중의 하나가 엘리야였습니다(마 17:3). 심지어는 예수님을 가리켜서 엘리야라고 말하는 사람들도 있었습니다(눅 9:19).

그러나 야고보는 엘리야를 가리켜 "우리와 성정性情이 같은 사람"(17a절)이라고 소개합니다. 그가 위대한 사람이기 때문에 위대한 일을 행한 것은 아니라는 겁니다. 그가 인격이 남다르게 훌륭했다거나, 특별한 능력이나 달란트를 가지고 있었기 때문도 아닙니다. 단지 그는 믿음의 사람이었고, 하나님과의 바른 관계 속에서 늘 하나님께 기도하던 사람이었습니다. 그래서 위대하신 하나님께서 그를 통하여 위대한 일을 행하신 것입니다.

이것은 사실 엘리야만의 이야기가 아닙니다. 아브라함도 그렇고 모세나 다윗도 마찬가지입니다. 그들은 처음부터 특별한 사람이 아니었습니다. 우리들과 다른 사람이 아닙니다. 그러나 그들은 모두 하나님의 쓰임을 받는 사람들이 되었습니다. 무슨 이야기입니까? 엘리야가 할 수 있었다면 우리들도 할 수 있다는 겁니다. 엘리야의 기도를 하나님께서 들으셨다면 우리들의 기도도 들으실 수 있다는 겁니다. 하나님께서 엘리야를 사용하셨다면 우리도 얼마든지 사용하실 수 있다는 겁니다.

말씀으로 기도하기

야고보는 엘리야와 관련된 여러 가지 이야기 중에서 삼년 육 개월 동안 비가 오지 않았던 가뭄 사건을 예로 들고 있습니다. 야고보에 의하면 "엘리야가 비가 오지 않기를 간절히 기도했다"고 하는데 열왕기상 본문에서는 단지 비가 오지 않을 것이라고 선포했을 뿐입니다(왕상 17:1). 그렇다면 언제 기도했을까요? 그것은 가뭄을 선포한 다음입니다.

열왕기상 17장을 계속해서 읽어보면, 하나님은 엘리야에게 요단 앞 그릿 시냇가에 숨어있으라고 하십니다. 그리고 까마귀를 보내어 떡과 고기를 제공하셨습니다. 바로 여기 그릿 시냇가에서 엘리야는 하나님께 기도한 것입니다. 물론 엘리야가 기도를 했다는 직접적인 표현은 없습니다만, 그릿 시냇가에서 엘리야가 할 수 있는 일은 기도 밖에 없었습니다. 아니 그렇게 기도하라고 하나님께서 거기로 엘리야를 인도하신 것입니다.

하나님의 말씀을 선포하고 그 말씀이 이루어지기를 위해서 기도하는 이 모습은 우리에게 많은 것을 생각하게 합니다. 하나님의 말씀을 믿는다는 것은 그 말씀을 붙잡고 기도한다는 뜻입니다. 그냥 '아멘!' 했다고 말씀을 믿는 게 아닙니다. 그 말씀을 붙잡고 계속해서 기도해야 진짜 믿는 것입니다. 엘리야는 비가 오지 않기를 '간절히' 기도했습니다. 이스라엘 땅에 가뭄이 닥쳐오는 것이 좋아서가 아닙니다. 그것이 그에게 주신 하나님의 말씀이었기 때문입니다.

하나님이 정하신 삼년 육 개월의 기간이 지난 후에 다시 비가 오게 하는 대목에서도 같은 패턴이 반복됩니다. 엘리야는 아합에게 큰 비가 올 것을 선포합니다. 그 후에 갈멜산 꼭대기로 가서 얼굴을 무릎 사이에 넣고 간절히 기도합니다. 엘리야는 사람 손만 한 작은 구름을 보고 그것을 큰 비를 몰고 올 구름으로 판단했습니다. 그리고 실제로 그렇게 되었습니다. 엘리야는 믿음의 기도를 드렸고, 작은 징조에도 확신 있게 행동했습니다. 왜냐하면 그는 하나님의 말씀을 붙잡고 기도했기 때문입니다.

믿음의 기도는 이런 것입니다. 하나님의 말씀을 붙잡고 기도하는 것입니다. 단순히 자신의 필요나 요구에서 기도를 출발하면 그 기도가 오래가지 않습니다. 하나님의 말씀에 기초해야 합니다. 엘리야는 특별한 사람이 아니었습니다. 우리와 똑같은 사람이었습니다. 그러나 하나님은 엘리야를 통해서 위대한 일을 행하셨습니다. 하나님께서 지금 우리를 통해서도 얼마든지 위대한 일을 행하실 수 있습니다.

□ 은혜 나누기

나는 특별한 사람들만 기도할 수 있다고 생각해오지 않았습니까? 함께 나누어 봅시다.

□ 공동 기도

하나님 아버지, 우리처럼 평범한 사람의 기도에도 응답하신다는 말씀에 큰 용기를 얻습니다. 이제부터 주님이 우리에게 어떤 말씀을 주시든지 그 말씀을 믿음으로 붙들고 기도할 수 있도록 우리를 도와주세요.

돌아서게 하는 자

□ 주님의 기도 주님이 가르쳐주신 기도로 가정예배를 시작합니다.

□ 찬송 부르기 528장(예수가 우리를 부르는 소리)

□ 성경 읽기 야고보서 5:19~20

※ 개역개정판

[19]내 형제들아, 너희 중에 미혹되어 진리를 떠난 자를 누가 돌아서게 하면 [20]너희가 알 것은 죄인을 미혹된 길에서 돌아서게 하는 자가 그의 영혼을 사망에서 구원할 것이며 허다한 죄를 덮을 것임이라.

※ 메시지성경

[19-20]사랑하는 친구 여러분, 하나님의 진리에서 떠난 사람들을 알고 있거든, 그들을 포기하지 마십시오. 그들을 찾아가십시오. 그들을 돌아서게 하십시오. 이는 귀한 생명들을 파멸에서 건져 내는 일이며, 하나님을 등지는 일이 전염병처럼 퍼지는 것을 막는 일입니다.

□ 말씀 나누기

올해의 마지막 가정예배 시간입니다. 그동안 야고보서를 묵상해 오면서 우리는 야고보가 가지고 있는 목회적인 관심을 알게 되었습니다. 그것은 '신앙'과 '생활'의 조화로운 균형입니다. 신앙과 생활의 균형이 깨지면 신앙생활 곳곳에서 여러 문제가 생겨납니다. 지금까지 야고보서에서 계속 이야기해 온 것들이 모두 균형이 깨진 신앙생활에서 파생된 문제들이었습니다. 신앙과 생활의 불일치는 결국 기독교 신앙의 진리에서 떠나게 만듭니다. 오늘 본문의 내용입니다.

진리를 떠난 자

'미혹되어 진리를 떠난 자'(19절)는 기독교 신앙을 포기하고 믿음의 공동체를 떠나간 사람들을 가리킵니다. 그들이 왜 신앙을 포기했을까요? 야고보는 '미혹迷惑되었기 때문'이라고 설명합니다. 초대교회 당시에 기독교 신앙을 흔드는 두 가지 큰 위협이 있었습니다. 그 하나는 외부적인 박해의 위협이었고, 다른 하나는 내부적인 이단 사상의 위협이었습니다. 어느 것이 기독교 신앙에 더 큰 위협이었을까요?

그것은 바로 이단 사상입니다. 외부적인 박해는 어떤 의미에서 내부적인 결속과 신앙의 열정을 더욱 단단하게 만들기도 합니다. 그러나 교회 내부에서 일어나는 이단 사상은 믿음의 공동체를 너무나도 쉽게 무너뜨립니다. 야고보가 오늘 본문에서 말한 미혹하여 진리를 떠나게 만드는 것은 바로 이러한 이단 사상을 말하는 것입니다. 야고보는 많은 성도들이 이단 사상에 의해서 흔들리거나 교회를 떠나는 모습을 보고 이것을 심각하게 여기지 않을 수 없었던 것입니다.

아직도 신앙을 갖지 않는 사람들도 물론 안타깝습니다. 그러나 더 안타까운 사람들은 과거 신앙의 길에 들어섰다가 잘못된 이단 사상의 미혹에 빠져 도중에 바른 신앙의 길에서 이탈되어 진리를 떠나는 사람들입니다. 그들을 어떻게 할 것인가?

포기하지 말라

야고보는 "돌아서게 하라"고 합니다. 메시지성경은 "포기하지 말고 찾아가서 그들을 돌아서게 하라!"고 풀이합니다. 사실 이런 경우에 그들을 찾아가서 돌아서게 하는 것은 무척 힘든 일입니다. 그들이 다시 돌아올 확률은 거의 없습니다. 그러나 그럼에도 불구하고 포기하지 말아야 한다고 말합니다. 왜 그럴까요?

야고보는 두 가지로 설명합니다. 그 첫 번째 이유는 '그의 영혼을 사망에서 구원할 것이기 때문'입니다. 아무리 미혹되어 죄인의 길에 서 있다고 하더라도 그 영혼을 구원하는 것이 하나님의 간절한 소원입니다. 많은 사람들은 이단 사상에 빠진 사람들을 정죄하고 쉽게 포기합니다만, 하나님의 마음은 그들도 구원받게 되는 것입니다. 그들도 구원받을 영혼이다! 우리는 이것을 잊지 말아야 합니다.

두 번째 이유는 '허다한 죄를 덮을 것이기 때문'입니다. 메시지성경으로 읽으면 그 의미가 분명해집니다. "이는 귀한 생명들을 파멸에서 건져 내는 일이며, 하나님을 등지는 일이 전염병처럼 퍼지는 것을 막는 일입니다"(20절, 메시지). 한 사람의 죄인을 바로 세움으로써 하나님을 등지는 일이 전염병처럼 퍼지는 것을 막게 된다는 것입니다.

정말 그렇습니다. 한 사람이 이단 사상에 빠지면 그 사람으로 그치지 않습니다. 그 사람과 관련된 사람들이 영향을 받게 되어 있습니다. 따라서 한 사람을 파멸에서 건져내는 일은 그의 영혼을 구원하는 일일 뿐만 아니라 그와 같은 잘못된 일들이 확산되는 것을 미연에 막는 일이 되기도 하는 것입니다.

그렇다면 하나님을 등진 사람들을 어떻게 돌아서게 할 수 있을까요? 우리 주님은 이런 일이 벌어질 것을 아시고 미리 자세한 지침을 말씀해 주셨습니다.

"[15]네 형제가 죄를 범하거든 가서 녀와 그 사람과만 상대하여 권고하라. 만일 들으면 네가 네 형제를 얻은 것이요 [16]만일 듣지 않거든 한두 사람을 데리고 가서 두세 증인의 입으로 말마다 확증하게 하라. [17]만일 그들의 말도 듣지 않거든 교회에 말하고 교회의 말도 듣지 않거든 이방인과 세리와 같이 여기라"
(마 18:15-17).

네 가지 단계가 있습니다. 첫째는 일대일의 권고이고, 둘째는 증인을 데리고 가서 확증하는 일이고, 셋째는 교회에 공식적으로 문제를 거론하는 일이고, 넷째는 교회의 말도 듣지 않는다면 이방인과 세리와 같이 여기는 것입니다. 이렇게 함으로써 문제의 당사자에게는 회복될 수 있는 기회를 주고, 또한 전체 교회와 성도들이 이 문제와 관련하여 흔들리지 않게 하는 것입니다.

물론 이런 일이 생기지 않도록 진리의 말씀 위에 굳게 서는 일이 필요합니다. 신앙과 생활이 균형 잡힌 신앙생활을 하도록 힘써야 합니다. 믿음과 행함이 일치되고, 말과 행동이 일치되며, 말씀을 들은 대로 순종하며 따르는 신앙생활을 하는 그런 성도들에게는 어떤 종류의 미혹의 영도 감히 근접할 수 없습니다.

□ 은혜 나누기
진리를 떠난 사람을 돌아서게 하기 위해 내가 할 수 있는 일이 무엇일까요?
□ 공동 기도
하나님 아버지, 믿음의 길에서 떠난 사람들을 결코 포기하지 않게 해주세요. 그들을 위해 계속 기도하며 또한 찾아가서 권면하는 노력을 그만두지 않게 해주세요. 그리하여 한 영혼이라도 회복되는 은혜를 경험할 수 있게 해주세요.

절기, 가정 행사 때 드리는
가정예배

약속 있는 첫 계명

설날 예배

ㅁ 예식사 인도자

오늘 우리 민족의 고유 명절인 설날을 맞이하여, 우리 가정이 먼저 하나님 앞에
예배드리겠습니다.

ㅁ 주님의 기도

ㅁ 찬송 부르기 384장(나의 갈 길 다 가도록)

ㅁ 기도하기 맡은이

사랑과 은혜가 충만하신 하나님 아버지,

우리를 주님의 구원받은 백성으로 선택하여 주시고, 변함없는 사랑으로 인도
하여 주심을 감사합니다. 우리 민족의 고유명절인 설날을 맞이하여, 우리 가족
이 함께 모여 먼저 하나님께 예배를 드리오니 주님의 은총을 베풀어 주옵소서.
이 시간 부모님의 은덕과 뜻을 기억하며, 온 가족이 믿음 안에서 하나가 되는
복된 시간이 되게 하여 주옵소서.

우리 주 예수 그리스도의 이름으로 기도합니다. 아멘.

ㅁ 성경 읽기 에베소서 6:2~3

  2네 아버지와 어머니를 공경하라. 이것은 약속이 있는 첫 계명이니 3이로써
  네가 잘되고 땅에서 장수하리라.

※ 참고 / 출애굽기 20:4~6

ㅁ 말씀 나누기

오늘은 음력으로 새해를 시작하는 날입니다. 교회력으로나 양력으로는 이미 새해가 시작되었습니다. 그러나 우리 민족은 전통적으로 설날에 가족이 함께 모여서 조상에게 차례를 지내고 친척이나 이웃 어른들께 세배를 하면서 새로운 한해를 맞이했습니다. 우리 그리스도인들은 무엇을 하든지 가장 먼저 하나님께 예배를 드립니다. 조상이나 어른께 인사하는 것이 세상의 예의인 것처럼, 하나님 아버지께 가장 먼저 예배를 드리며 인사를 하는 것이 기독교 신앙의 마땅한 예의이기 때문입니다.

첫 번째 계명

오늘 본문은 올 한 해 동안 우리 가족이 늘 마음에 품고 살아야 할 말씀입니다. "네 아버지와 어머니를 공경하라." 이 계명은 본래 십계명의 다섯 번째 계명입니다. 그런데 바울은 이 계명을 '약속이 있는 첫 계명'이라고 말합니다. 첫 계명이란 '가장 중요한 계명'이라는 뜻입니다. 하나님께서 이 세상의 모든 자녀에게 주신 첫 번째이자 가장 중요한 계명은 바로 '부모 공경'이라는 말씀입니다.

그런데 우리나라의 현실은 부모 공경을 첫 번째로 가르치지 않습니다. 부모 공경보다 대학입시와 성공을 더 강조합니다. 마치 좋은 대학을 나오고 세상에서 성공하면 부모에게 충분히 효도하는 것처럼 생각하도록 가르치고 있는 것입니다. 그래서 논밭 팔고 허리띠 졸라매면서 힘들게 공부시킨 부모를 우습게 여기는 그런 불효자식들이 이 세상에 많이 있습니다. 부모 책임입니다. 자녀들을 잘못 가르친 것입니다.

문제는 이 점에 있어서 우리 그리스도인들도 세상 사람들과 별로 다르지 않다는 사실입니다. 자녀가 부모의 자랑거리가 되는 것을 효도라고 생각하게 하면 안 됩니다. 진정한 효도란 자녀들이 부모를 자랑거리honor로 생각하는 것입니다. 아무리 배움이 짧고 가난한 부모라고 할지라도 존경하면서 공손하게 섬기는 것이 효도입니다. 바로 그것이 하나님께서 자녀들에게 요구하시는 가장 중요한 첫 번째 계명입니다.

약속 있는 계명

그 계명을 지키는 자녀들에게 하나님이 약속하신 두 가지 복이 있습니다. '잘 되는 것'과 '땅에서 장수하는 것'입니다. 잘 된다는 것을 사자성어로 표현하면 만사형통萬事亨通이라고 할 수 있습니다. 그런데 성경에서 말하는 만사형통은 화를 피하고 복 받는 것만을 추구하는 기복신앙과는 전혀 다른 개념입니다.

오늘 우리가 부른 찬송(384장)에 "무슨 일을 만나든지 만사형통하리라"는 가사가 있습니다. '무슨 일'이란 항상 '좋은 일'만을 이야기하지 않습니다. 힘들고 고생스러운 일들도 포함하고 있습니다. 그러나 우리 주님께서 '나의 갈 길을 다 가도록' 붙드시고 인도해주시기 때문에, 결국에는 모든 일들이 합력하여 잘 될 것을 확신하며 "만사형통하리라!"고 찬송하는 것이지요. 바로 이것이 부모를 공경하는 자녀들에게 하나님께서 약속하신 첫 번째 복입니다.

두 번째 복은 '땅에서 장수하는 복'입니다. 장수長壽는 오래 산다는 뜻입니다. 그래서 이것을 만수무강萬壽無疆 또는 무병장수無病長壽의 복 정도로 생각하곤 합니다. 큰 오해입니다. 오늘 본문은 "땅에서 장수하리라"고 되어 있지만, 십계명을 보면 "네 하나님 여호와가 네게 준 땅에서 네 생명이 길리라"(출 20:12)라고 되어 있습니다. 이 땅이 어디입니까? 약속의 땅입니다.

아무 데서나 오래 산다고 해서 복이 아닙니다. 하나님께서 약속해 주신 땅에서 오래오래 살아야 진짜 복입니다. 부모를 공경하지 않는 사람들은 약속의 땅에서 쫓겨납니다. 그들은 더이상 하나님의 백성이 아니기 때문입니다.

부모 공경은 한 개인의 덕목이나 복으로 끝나지 않습니다. 믿음의 공동체가 약속의 땅에서 계속해서 살 수 있는지가 이 계명의 준수 여부에 달려있습니다. 그렇기 때문에 부모들은 자녀들에게 '부모를 공경하는 바른 도리'를 잘 가르쳐야 합니다. 그것이 대를 이어서 약속의 땅에서 오래오래 행복하게 사는 길입니다.

□ 은혜 나누기

올 한 해 동안 가족들에게 소망하는 일을 함께 나누어봅시다.

□ 공동 기도

하나님 아버지, 오늘 설날을 맞이하여 온 가족이 함께 기쁨을 나누게 하시니 감사합니다. 우리의 가정에 생수의 강이 흐르게 해주세요. 하나님 아버지를 공경하는 부모와 부모를 공경하는 자녀들을 우리 가정에 허락해주세요. 그리하여 하나님이 약속하신 잘 되는 복과 약속의 땅에서 오래 사는 복을 누리게 해주세요. 예수님의 이름으로 기도합니다. 아멘.

추석 예배

바울의 가시 감사

□ 예식사 인도자

오늘 우리 민족의 고유 명절인 추석을 맞이하여, 우리 가정이 먼저 하나님 앞에
예배드리겠습니다.

□ 주님의 기도

□ 찬송 부르기 321장(날 대속하신 예수께)

□ 기도하기 맡은이

사랑과 은혜가 충만하신 하나님 아버지,

올해도 우리 가정을 선한 길로 이끌어주시고, 우리 민족의 고유 명절인 추석을
맞이하여, 우리 가족이 함께 예배할 수 있게 하시니 감사합니다. 지금까지 베
풀어주신 하나님의 은혜에 감사하며, 또한 부모님의 은덕에 감사하며, 온 가족
이 믿음 안에서 하나가 되는 복된 시간이 되게 하여 주옵소서.

우리 주 예수 그리스도의 이름으로 기도합니다. 아멘.

□ 성경 읽기 고린도후서 12:9

> 나에게 이르시기를 내 은혜가 네게 족하도다. 이는 내 능력이 약한 데서 온전
> 하여짐이라 하신지라. 그러므로 도리어 크게 기뻐함으로 나의 여러 약한 것들
> 에 대하여 자랑하리니 이는 그리스도의 능력이 내게 머물게 하려 함이라.

※ 참고 / 빌립보서 4:6-7

□ 말씀 나누기

오늘은 추석입니다. 우리나라에서는 전통적으로 추석에 햅쌀로 빚은 송편과 햇과일 등의 음식들을 장만하여 추수를 감사하면서 조상들께 차례를 지냅니다. 성경에 기록된 초막절(레 23:33-43)과 비슷한 절기라고 할 수 있습니다. 다른 것이 있다면 조상들께 차례를 드리는 것이 아니라, 하나님께 감사의 예배를 드린다는 것입니다. 물론 부모님의 은덕에 우리는 감사해야 합니다. 그러나 우리가 예배하는 대상은 오직 한 분, 하나님이십니다.

추석 명절에 우리는 감사의 의미에 대해서 다시 한 번 생각하게 됩니다. 그리스도인의 특징은 '감사'입니다. 그리스도인은 어떤 상황에서도 감사를 찾는 사람입니다. 바울은 감사의 사람이었습니다. 바울은 자신의 몸에 '가시'를 가지고 있었습니다. 그 가시로 인해 바울은 늘 괴로워했습니다. 그러나 그 가시조차도 바울의 감사를 막을 수는 없었습니다. 오히려 가시로 인해 하나님께 감사했습니다.

어떻게 그럴 수 있었을까요? 하나님은 왜 바울의 가시를 제거해주지 않으셨을까요? 바울은 왜 자신의 몸에 있는 가시를 하나님의 은혜라고 고백할 수 있었을까요? 그것은 육체의 가시를 통해서 바울에게 나타난 삶의 변화를 보면 알게 됩니다.

겸손하게 하는 가시

육체의 가시는 바울을 겸손하게 만들었습니다. 바울은 좋은 가문에서 태어났습니다. 당대 최고의 율법학자 가말리엘의 문하생이었습니다. 게다가 모두가 부러워하는 로마의 시민권을 가지고 있었습니다. 그래서 그는 누구보다 자랑할 것이 많았습니다. 하지만 가시로 인해서 바울은 자신을 낮출 수밖에 없었습니다.

로마 시민권을 자랑하거나, 좋은 가문과 율법학자로 어깨에 힘을 주려고 할 때마다 가시는 그의 육체를 찔렀습니다. 가시는 바울이 교만하지 못하도록 하기 위해 주님이 주신 선물이었던 것입니다. 만일 가시가 없었다면 바울은 주님 앞에 나와서 엎드리지 않았을 것입니다. 결국 가시가 바울을 주님 앞에 겸손히 서도록 만든 것입니다.

의지하게 하는 가시

바울은 가시를 통해 더욱 주님을 의지하게 되었습니다. 바울은 가시 때문에 엎드려 기도하였고, 결국 주님의 뜻을 발견하였습니다. "내가 약한 그 때에 강함이라."

우리는 자신이 강할 때에 주님의 일도 능력 있게 할 수 있을 것이라고 생각합니다. 아마 바울에게도 그런 생각이 있었을 것입니다. 그러나 바울은 그의 몸에 있는 가시를 통해서 자신이 약한 데서 주님의 능력이 온전히 나타난다는 진리를 깨닫게 되었습니다. 절망과 좌절 속에 소망이 있고, 환난 속에 지혜가 있으며, 고난이 주님께로 가는 생명의 길이라는 것을 알게 된 것입니다.

가시는 단순히 아픔이나 불편함의 이유가 아닙니다. 오히려 우리의 신앙생활에 날개를 달아주시는 하나님의 은혜입니다. 그것을 깨달으면 우리는 더이상 가시 때문에 불평하지 않고 오히려 모든 상황 속에서 하나님께 감사할 수 있게 되는 것입니다.

집착하지 않게 하는 가시

가시는 바울을 세상 영광에 집착하지 않도록 했습니다. 사람이 이 땅에 살면서 피해야 할 가장 무서운 것은 세상에 집착하다 하나님을 잃어버리는 것입니다. 돈, 명예, 권력, 쾌락에 집착하다 결국은 돈의 노예, 권력의 노예, 명예의 노예, 쾌락의 노예가 되어 주님을 잃어버리는 것을 수도 없이 봅니다. 인간이 결코 두 주인을 섬길 수 없다는 것을 알기에 성경은 세상의 것을 사랑하지 말라고 분명히 경고하고 있는 것입니다.

바울은 육체의 가시를 통해 그와 같은 세상의 것들을 배설물로 여길 수 있는 고차원적인 신앙을 가진 사람이 되었습니다. 바울은 "내가 전에 보탬이 된다고 여겼던 모든 것은 하찮은 것, 곧 개똥이나 다름없습니다. 나는 그 모든 것을 쓰레기통에 버렸습니다"(빌 3:8, 메시지)라고 말합니다. 바울이 이와 같은 신앙을 가지게 된 것은 모두 그의 몸에 지닌 가시 때문이었습니다.

누구에게나 가시가 있습니다. 그 가시는 우리를 아프게 할 수 있을 뿐 생명을 빼앗아가지는 못합니다. 만일 그 가시로 인해 하나님께 무릎을 꿇고 감사할 수 있다면, 우리를 더욱 성숙한 사람으로 만들어 주는 은혜의 선물이 될 것입니다.

□ 은혜 나누기
우리보다 앞서 가신 부모님에 대하여, 또는 우리 가족들에 대하여 감사하는 마음을 가지게 된 일이 있다면 이 시간 함께 나누어봅시다.

□ 공동 기도
하나님 아버지, 감사가 우리 가정의 습관이 되게 해주세요. 우리를 괴롭히는 가시조차도 하나님께 감사를 드리는 조건이 되게 해주세요. 그리하여 더욱 성숙한 믿음을 가질 수 있게 해주세요. 예수님의 이름으로 기도합니다. 아멘.

추모 예배

다윗의 유언

□ 예식사 인도자

우리의 OOO(아버님, 어머님 등의 호칭 사용) 고故 OOO씨(장로, 권사, 집사, 성도)의 O주기 추모일을 맞이하여, 추모예식을 시작하겠습니다.

□ 주님의 기도

□ 찬송 부르기 486장(이 세상에 근심된 일이 많고), 492장, 235장

□ 기도하기 맡은이

영원부터 영원까지 살아 계셔서 인간의 생사화복을 주관하시는 하나님 아버지, 오늘은 우리의 OOO(아버님, 어머님 등의 호칭 사용) 고故 OOO 씨(장로, 권사, 집사, 성도)를 하나님께서 불러 가신 날을 맞아 그 날을 기억하고 추모하기 위하여 가족이 함께 모였습니다. 이 시간 우리를 불쌍히 여겨 주사, 주님의 위로와 평강으로 채워주옵소서.

이 시간 모든 순서를 성령께서 인도하여 주셔서, 하나님께는 영광을 돌리고 우리는 새로운 은혜를 체험하는 시간이 되게 하여 주옵소서. 영원한 소망을 주시는 우리 주 예수 그리스도의 이름으로 기도합니다. 아멘.

□ 성경 읽기 잠언 3:1-3

> [1]내 아들아 나의 법을 잊어버리지 말고 네 마음으로 나의 명령을 지키라. [2]그리하면 그것이 네가 장수하여 많은 해를 누리게 하며 평강을 더하게 하리라. [3]인자와 진리가 네게서 떠나지 말게 하고 그것을 네 목에 매며 네 마음판에 새기라.

※ 참고 / 요한계시록 21:1~7; 시편 90:1-6

□ 말씀 나누기

이 세상의 모든 사람에게는 처음과 마지막이 있습니다. 생일生日이 있으면 또한 사일死日도 있는 법입니다. 이는 그 누구도 피할 수 없는 엄숙한 진리입니다. 하나님은 말씀하십니다. "나는 알파와 오메가요, 처음과 마지막이다"(계 21:6). 우리 인생의 처음과 마지막을 정하시는 분은 하나님이십니다. 우리는 지구라는 별에 보내져서 정해진 시간을 살다가 다시 하나님께로 돌아가는 존재인 것입니다.

우리의 OOO(아버님, 어머님)도 그 길을 걸어가셨고, 또한 우리도 지금 그 길을 걷고 있는 중입니다. 따라서 죽음은 무시하고 피한다고 해서 피할 수 있는 것은 아닙니다. 오히려 죽음을 직면하고 그 앞에 정직하게 서는 것이 지혜로운 일입니다. 하나님은 유한한 인생의 죽음과 그 이후의 삶에 대해서 성경을 통해서 몇 가지 약속을 말씀하셨습니다.

죽음을 두려워하지 말라

첫 번째 약속은 죽음을 두려워하지 말라는 것입니다. 왜냐하면 우리 주님께서 죽음의 권세를 이기시고 부활하셔서 모든 잠자는 자들의 첫 열매가 되셨기 때문입니다(고후 5:1). 그렇습니다. 죽음을 인생의 끝으로 보는 사람들에게는 죽음이 두려운 일입니다. 그러나 우리 육신의 장막집이 무너진다고 해도 하나님이 지어주신 영원한 집이 기다리고 있다는 믿음을 가진 그리스도인들에게 죽음은 두려운 일이 아닙니다.

고인故人의 육신의 삶은 이미 끝이 났습니다. 그러나 그의 인생은 끝나지 않았습니다. 천국에서 영원한 생명을 살고 계십니다. 그리고 우리도 언젠가 그 뒤를 따라서 천국으로 이사 가게 될 것입니다. 그때에 먼저 가서 기다리던 고인을 만나게 될 것입니다.

천국이 준비되었다

두 번째 약속은 천국에는 믿는 사람들을 위해 준비된 것이 있다는 것입니다. 천국에는 장애인 전용 주차장이 없습니다. 그곳에는 병원이나 약국도 없습니다. 더이상 아픈 것이 없습니다. 이 세상에서 살 때에는 누구나 많은 아픔과 고통을 가지고 살아갑니다. 그러나 천국에는 더이상 아픈 것도, 애통하는 것도, 곡하는 것도 없습니다(계 21:4). 고인은 그런 천국에 들어가셨습니다. 지금도 천국의 풍성한 잔치 자리에서 마음껏 잡수시고 계실 것입니다.

주님이 맞아주신다

세 번째 약속은 우리 주님께서 친히 우리를 맞아주신다는 것입니다. 이 세상에서 마지막 숨을 내쉬던 바로 그 순간이 바로 천국에서 처음 숨을 쉬는 순간입니다. 이 세상에서 눈을 감는 그 순간이 바로 천국에서 눈을 뜨는 순간입니다. 바로 그때에 우리의 눈에 가장 먼저 보이는 분이 누구일까요?

바로 우리 주님이십니다. 두 팔 벌려 안아주시고 사랑하는 하나님의 자녀들을 위해 예비해 놓으신 처소로 인도해주십니다. 우리가 믿는 주님은 바로 그런 분입니다. 마치 탕자가 돌아올 때에 먼발치에서 목 빠지게 기다리던 아버지가 보자마자 맨발로 달려 나오듯이, 우리 주님은 그렇게 우리를 맞이해 주시는 분입니다.

문제는 남은 우리들입니다. 이제부터 우리가 남아있는 시간을 어떻게 살아갈 것인가가 문제입니다. 다윗이 남긴 유언이 우리에게 그 길을 제시합니다.

"나의 법을 잊어버리지 말라." 여기에서 '나의 법'은 하나님의 말씀을 의미합니다. 다윗은 하나님의 말씀에 따라 살았습니다. 그것으로 많은 복을 누렸습니다. 그리고 그의 자녀들도 그렇게 되기를 소망했습니다. "인자와 진리가 떠나지 않게 해라." '인자와 진리'는 하나님의 마음입니다. 하나님의 마음을 품고 사는 것이 중요합니다.

이 세상에서 남겨진 우리들이 그렇게 하나님을 잘 믿으면서 또한 서로 사랑하면서 살 때, 천국에서 고인과 다시 만나는 것이 우리에게 진정한 기쁨이 될 것입니다.

□ 은혜 나누기

고인의 성품이나 그에 대한 좋은 추억들이 있다면 함께 나누어봅시다.

□ 공동 기도

우리의 삶을 주관하시는 하나님 아버지, 고인을 추모하는 이 예배를 통하여 천국을 바라보게 하시니 감사합니다. 우리의 마음에 사별의 슬픔이 완전히 가시지 않았지만, 하늘의 소망으로 잘 이겨내게 하시고, 영원한 생명을 사모하며 끝까지 믿음의 경주를 달려갈 수 있도록 우리를 인도해주세요.

우리에게 영생을 주시는 우리 주 예수 그리스도의 이름으로 기도합니다. 아멘.